JN296701

福祉空間学入門

人間のための環境デザイン

藤本尚久
〈編著〉
井原　徹
大戸　寛
河野泰治
齋藤芳德
〈共著〉

A Guide of Welfare Spatial Design for Humanization

鹿島出版会

はじめに

　21世紀は福祉の充実，バリアフリーを超えたユニバーサルデザインの時代とみられている。政府の制度や自治体の施策においても，医療や工学の技術開発の方向においても，また，物品や衣服のデザインにおいても，さらには，建築や環境整備に関する学問的な調査研究においても，これに関するテーマが数多く取り上げられている。それは，専門のとどまることを知らない細分化と，関係領域のたえざる拡大・拡散の過程という様相を呈している。

　今やバリアフリーは広義な行政課題となっているが，ややもすると，手すり，スロープ，段差解消，昇降機や設備機器といった物的整備の仕様（細部説明）づくりに陥ってしまう。他方，ユニバーサルデザインは用語の目新しさが注視され，その適用範囲や目標理念の意味を超えて，万能選手のように楽観的な使われ方で，一種の流行現象となっている。そこで，本来のノーマライゼーションの基本に立ちかえって，建築，住宅，施設，インテリアなどの空間づくり，モノづくり，それにゆとり・癒しのための外部環境の整備，安心・安全化のまちづくりなどに関する，これまでのデザインとテクノロジーの蓄積を，ヒューマニゼーション（人間化）の道筋に組み立ててみる必要がある。

　これらの分野の総体を鳥瞰し，ひとつのつながった場でとらえ直し，新たなデザイン・設計・計画への触媒として活用するため，また，住環境福祉，介護福祉分野の基礎知識として活かされるような本としてまとめたい。それがはじめから我々の願いでもあった。

　本書は，建築・住宅の設計製図教育においても，住環境福祉などの資格試験のための学習にも，データブックを超えた基礎的なテキストであり，これからの福祉空間づくりを目指す人々にとって，デザインとテクノロジーの時勢変化に振り回されない"センス（感性）"を涵養するための参考書を目指している。

　我々の専門分野の限定性から，必ずしも十分にその意図が達成できたとは限らないが，その役割を実践する機会を得たことで，読者の皆様に対し，一応の目的を果たせたのではないかと思われる。さらなる内容更新には，諸賢のご意見をふまえて対処したい。

　最後に，出版の立場から原稿調整および取りまとめにご尽力頂いた，鹿島出版会の小田切史夫氏に心より感謝申し上げる。

2006年　盛夏
執筆者を代表して　藤　本　尚　久

目　次

はじめに ………………………………………………………………………… iii

第1章　福祉空間のデザインとは何か ………………………………… 1

1-1　福祉空間デザインの意義と沿革 ………………………………… 1

(1) 福祉空間デザインとは ……………………………………………… 1
(2) 福祉空間デザインの沿革 …………………………………………… 1
(3) 外部空間のバリアフリー化 ………………………………………… 4

1-2　バリアフリーとユニバーサルデザイン ………………………… 4

(1) 問題解決型の「バリアフリー」 …………………………………… 4
(2) 理想追求型の「ユニバーサルデザイン」 ………………………… 5
(3) バリアフリーとユニバーサルデザインの概念領域 ……………… 5
(4) ユニバーサルデザインとインディビデュアルデザインの関係 … 6
(5) ノーマライゼーションとの関係 …………………………………… 6
(6) 情報のユニバーサル化 ……………………………………………… 7

1-3　福祉空間デザインの領域 ………………………………………… 7

(a) 家具・インテリア（インテリアデザイン） ……………………… 7
(b) 建築細部，部位（ディテールデザイン） ………………………… 8
(c) 設備・用品（プロダクツデザイン） ……………………………… 8
(d) 住宅・住戸（ハウジングデザイン） ……………………………… 8
(e) 公共的な建築・施設（パブリックデザイン） …………………… 8
(f) 都市の生活環境（アーバンデザイン） …………………………… 8

第2章　人間環境とバリアフリー ····· 9

2-1　バリアフリー環境の原理 ····· 9
 (1)　障害者，高齢者にとってのバリアの様相 ····· 9
 (2)　障害除去の具体化 ····· 1
 (3)　バリアの生じやすい側面と原因 ····· 10
 (4)　バリアと事故発生の危険性 ····· 11

2-2　人体動作・行為と空間寸法 ····· 11
 (1)　人体動作と車いすの空間寸法 ····· 11
 (2)　障害者の姿勢と人体動作域 ····· 12

2-3　段差，階差（階段/傾斜路）のデザイン ····· 14
 (1)　傾斜路（スロープ） ····· 14
 (2)　階　段 ····· 15

2-4　建築の部位とバリアフリー ····· 17
 (1)　電　話 ····· 17
 (2)　水飲み器 ····· 18
 (3)　自動販売機 ····· 18
 (4)　スイッチ・コンセント類 ····· 18
 (5)　エレベータ ····· 19
 (6)　エスカレータ ····· 20

第3章　歩行安全空間と交通環境のデザイン ····· 21

3-1　モータリゼーションの発達過程と歩行空間 ····· 21
 (1)　車道と歩行空間の矛盾の克服 ····· 21
 (2)　立体分離と平面分離 ····· 22
 (3)　歩行状態の種類と電動車いす，自転車などの問題 ····· 23

3-2　モータリゼーションの成熟社会と歩行安全 ····· 24
 (1)　歩車分離と道路構造 ····· 24

(2) 歩行者優先の道路構造 …………………………………………………… *24*

　　　(3) 歩車共存の道路形態 …………………………………………………… *25*

3-3　歩車通路のデザイン ……………………………………………………… *25*

3-4　団地計画，地域計画と歩車共存の空間形成 ………………………… *28*

　　　(1) ラドバーンシステム …………………………………………………… *28*

　　　(2) 緑道システム …………………………………………………………… *29*

　　　(3) ボン・エルフ（コミュニティ道路） ………………………………… *30*

　　　(4) ペデストリアンデッキ ………………………………………………… *31*

　　　(5) 歩行空間ネットワーク化 ……………………………………………… *31*

　　　(6) 安全歩行ルート確保のための表示 …………………………………… *31*

3-5　ショップモビリティとタウンモビリティ ……………………………… *32*

　　　(1) ショップモビリティ …………………………………………………… *32*

　　　(2) タウンモビリティ ……………………………………………………… *33*

3-6　トランジットモール ……………………………………………………… *33*

3-7　交通システムのユニバーサル化 ………………………………………… *34*

　　　(1) S. T. S.（スペシャル・トランスポート・サービス） …………… *34*

　　　(2) オムニバスタウン ……………………………………………………… *35*

　　　(3) パーク・アンド・ライド ……………………………………………… *35*

3-8　交通施設のバリアフリー ………………………………………………… *35*

　　　(1) 交通施設バリアフリー化の取組み …………………………………… *35*

　　　(2) 交通機関のバリアフリー化対応 ……………………………………… *36*

第4章　住居福祉と住宅のデザイン ………………………………………… *39*

4-1　福祉空間としての意義と機能 …………………………………………… *39*

　　　(1) シェルター機能 ………………………………………………………… *39*

　　　(2) 家族の共生機能 ………………………………………………………… *39*

　　　(3) 次世代成育機能 ………………………………………………………… *40*

　　　(4) 生理・衛生機能 ………………………………………………………… *40*

| | (5) 渉外・コミュニケーション機能 …………………………………………… 40 |

4-2　住宅の空間内外移動のバリアフリー ………………………………………… 41

	(1) 道路から敷地へ ……………………………………………………………… 41
	(2) 敷地から玄関へ ……………………………………………………………… 42
	(3) 下床から上床へ ……………………………………………………………… 43
	(4) 平面床移動 …………………………………………………………………… 43
	(5) 階間移動（垂直移動） ……………………………………………………… 43
	(6) サニタリー空間 ……………………………………………………………… 44
	(7) 避難の配慮 …………………………………………………………………… 44

4-3　室内生活空間のバリアフリー …………………………………………………… 44

	(1) キッチン ……………………………………………………………………… 45
	(2) トイレ・洗面所 ……………………………………………………………… 46
	(3) 浴室・シャワー ……………………………………………………………… 48
	(4) 食事スペース ………………………………………………………………… 50
	(5) 居　室 ………………………………………………………………………… 50
	(6) 家事，仕事スペース ………………………………………………………… 51

4-4　住宅における子育て空間の考え方 ……………………………………………… 52

	(1) 乳幼児成育空間として ……………………………………………………… 52
	(2) 少年期成育空間として ……………………………………………………… 52
	(3) 青年期以降の空間として …………………………………………………… 53
	(4) ユニバーサルスペースとしての成育空間 ………………………………… 53

4-5　高齢者の生活空間と住宅計画 …………………………………………………… 53

	(1) 居住空間における高齢者 …………………………………………………… 53
	(2) 高齢者のための設計配慮 …………………………………………………… 53
	(3) 住宅の並列システムと選択性 ……………………………………………… 54
	(4) 世代間関係と住空間 ………………………………………………………… 54

4-6　住宅と高齢者の在宅介護 ………………………………………………………… 57

	(1) 施設介護と在宅介護 ………………………………………………………… 57
	(2) 在宅条件の整備 ……………………………………………………………… 57
	(3) 在宅介護の物的条件整備 …………………………………………………… 58

第5章　高齢者福祉と施設空間の計画 61

5-1　高齢者と住宅・福祉・医療施策 61
(1) 高齢者福祉制度の改革 61
(2) 介護保険制度の創設 62
(3) その後の見直し 62

5-2　高齢者福祉施設の種類と役割 62
(1) 入所型介護施設の種類 62
(2) 通所型介護施設の種類 65

5-3　施設の居住空間 67
(1) 特別養護老人ホーム 69
(2) 養護老人ホーム 71
(3) 軽費老人ホームB型（ケアハウス） 72
(4) デイサービスセンター 73
(5) 有料老人ホーム 74

5-4　施設福祉から在宅福祉へ 74

5-5　福祉住宅の類型的発展 75
(1) グループハウス 75
(2) シェアードハウス 76
(3) コレクティブハウジング 76
(4) シルバーハウジング 77
(5) 高齢者向け優良賃貸住宅 77

第6章　児童福祉と空間デザイン 79

6-1　児童福祉と子育て空間 79
(1) 子育て空間へのまなざし 79
(2) 子どもの成長・発達 80
(3) 児童福祉 81

6-2 保育所の計画 …………………………………………………………………… *83*

 (1) 保育所の概要 ……………………………………………………………… *83*

 (2) 保育所の計画 ……………………………………………………………… *84*

 (3) 事例：英国・ライパーク保育園 ………………………………………… *88*

6-3 乳児院・児童養護施設の計画 ……………………………………………… *89*

 (1) 乳児院 ……………………………………………………………………… *89*

 (2) 児童養護施設 ……………………………………………………………… *90*

6-4 児童館の計画 ………………………………………………………………… *93*

 (1) 児童遊園と児童館 ………………………………………………………… *93*

 (2) 小型児童館 ………………………………………………………………… *93*

 (3) 児童センター ……………………………………………………………… *93*

 (4) 大型児童館 ………………………………………………………………… *93*

6-5 児童福祉空間のこれから …………………………………………………… *94*

 (1) 福祉施設像について ……………………………………………………… *94*

 (2) 地域の子育て力の拠点 …………………………………………………… *95*

 (3) ふるさとづくりに向けて ………………………………………………… *95*

第7章　公共空間のバリアフリーからユニバーサルデザインへ ……………… *97*

7-1 公共空間とバリアフリー …………………………………………………… *97*

 (1) 高齢者，障害者利用の計画 ……………………………………………… *97*

 (2) 公共空間のバリアフリー計画 …………………………………………… *98*

 (3) 施設各部のバリアフリー ………………………………………………… *99*

 (4) 内部空間への移行部のデザイン ………………………………………… *102*

7-2 公共空間・施設別の配慮事項 ……………………………………………… *106*

 (1) 医療・福祉施設 …………………………………………………………… *106*

 (2) 集会施設 …………………………………………………………………… *107*

 (3) 文化施設 …………………………………………………………………… *107*

 (4) 教育施設 …………………………………………………………………… *111*

 (5) スポーツ・レクリエーション施設 ……………………………………… *111*

  (6) 公共施設の複合化・大規模化の課題 …………………………………… 112

7-3 民間営利施設のバリアフリー ……………………………………………… 112

  (1) 商業施設 ……………………………………………………………………… 112
  (2) レジャー施設 ………………………………………………………………… 114
  (3) 宿泊施設 ……………………………………………………………………… 114

7-4 公園・広場のバリアフリー ………………………………………………… 116

7-5 サインデザインのユニバーサル化 ………………………………………… 120

  (1) 情報障害とサインデザイン ………………………………………………… 120
  (2) サインデザインの種類 ……………………………………………………… 120
  (3) サインの表示形態 …………………………………………………………… 123
  (4) サインデザインの事例 ……………………………………………………… 125

第8章 福祉住環境の機器・設備 ………………………………………………… 127

8-1 福祉用具の活用とは ………………………………………………………… 127

8-2 移動の福祉用具 ……………………………………………………………… 128

  (1) 手すり ………………………………………………………………………… 128
  (2) 杖 ……………………………………………………………………………… 129
  (3) 歩行器 ………………………………………………………………………… 130
  (4) 車いす ………………………………………………………………………… 131
  (5) 昇降機 ………………………………………………………………………… 132

8-3 移乗の福祉用具 ……………………………………………………………… 133

  (1) 手すり ………………………………………………………………………… 133
  (2) 昇降いす ……………………………………………………………………… 133
  (3) 簡易移乗具 …………………………………………………………………… 134
  (4) ホイスト ……………………………………………………………………… 134

8-4 起居の福祉用具 ……………………………………………………………… 135

  (1) いす …………………………………………………………………………… 135
  (2) ベッド+手すり ……………………………………………………………… 135

8-5　入浴の福祉用具 ………………………………… *135*

- (1) シャワーチェア，シャワー用車いす ………………… *135*
- (2) 浴槽＋手すり＋移乗台 ………………………………… *136*
- (3) 座位式浴槽 ……………………………………………… *136*
- (4) 臥位式浴槽 ……………………………………………… *136*

8-6　ユニバーサル化を目指した福祉用具 ……………… *137*

- (1) 福祉用具の基本は「人にやさしい」 ………………… *137*
- (2) ユニバーサル化を目指した商品開発 ………………… *137*
- (3) デザインの検証 ………………………………………… *138*

キーワード索引 ……………………………………………………… *141*

第1章
福祉空間のデザインとは何か

1-1　福祉空間デザインの意義と沿革

(1)　福祉空間デザインとは

　われわれの日常生活の場，文化・経済の活動の場，つまり生活空間には，住宅，各種の建築，街区，道路，公園，交通機関など多岐にわたる物的構成要素がある。これらは長い人類の歴史，時代の流れの中で総体として組み上がり，変化発達し，複雑化・大規模化の一途をたどっている。それぞれの要素は，個別に，精一杯より良いものを生み出す努力の結果やその過程であるのが，意に反して，部分的には不十分や行き過ぎがあったり，全体としても不調和や危険因子をともなうことが多い。公害，交通戦争，災害危険，過密・過疎，潤いのない環境の出現といった現象がそれを端的に表している。

　これらに対して，いわゆる自由主義的な立場で，問題が起きればやむをえず修正力が働いて少しは改善されるという"予定調和論"だけでは，その巨大さ・複雑さには対応できない。

　そこで，これに公共の福利という視点から，人を中心にすえて，それらを体系的にとらえる一方，組織的に働きかけて，常によい方向を目指して，改変，創造し続けようとするのが「福祉」の考え方である。それには社会的に位置づけられた制度，練成された技術が必要であるとともに，それらが文化として定着していることが求められる。そのような活動の中で特に，目に見えるもの，形のあるものに働きかけることが福祉空間デザインである。

　具体的には人間とのかかわり合いから，人が生活し行動する空間や場所，室内，インテリア，設備，住戸・住宅，アパート・マンション（集合住宅），公共施設，ショッピング施設，街路，公園，駅舎，バス・電車（公共交通），その他の福祉施設など，屋内外における大小さまざまなものがあり，主として建造物や構造物が対象とされる（図1・1）。

(2)　福祉空間デザインの沿革

(a)　施設の計画からはじまる福祉空間デザイン

　このような福祉空間デザインが多くの人々の意識の対象となってきたのは新しい。福祉施設の歴史において，個別の慈善活動から公共的な施設化してきたのも19世紀後半から

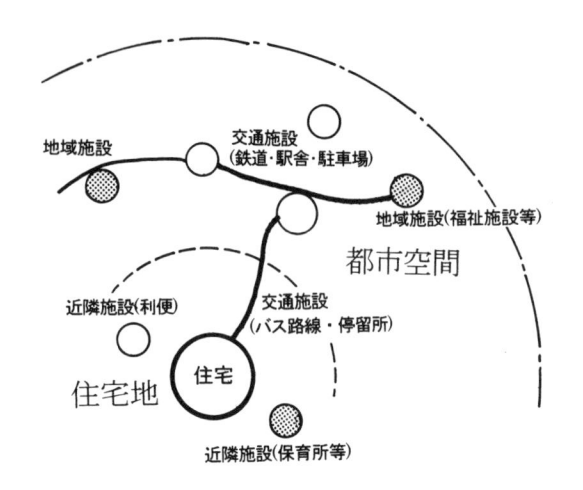

2 第1章 福祉空間のデザインとは何か

点一線一面の充実

図1・1　福祉空間デザインの対象領域モデル図

であり，建築学の分野で研究の対象として取りあつかわれるようになったのは1960年代からである。

国などの施策を背景にした，肢体不自由児施設，精神障害者施設，老人ホーム，リハビリテーション施設や病院の物理療法部門などの整備が進み，その実際的な設計活動の必要性から，適切な計画の方法，設計データなどが同時並行的に蓄積されたということができる。しかし，その基礎になるもの，たとえば，車いす使用者の動作寸法，移動空間寸法などは欧米のデータであり，急遽，日本人の寸法の調査，追加が行われている（図1・2）。

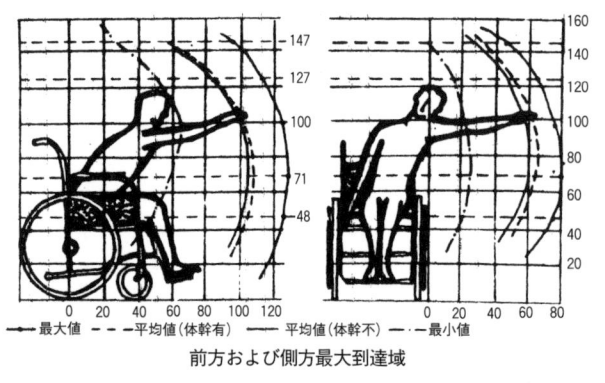

図1・2　初期の車いす使用者の動作寸法測定 (可動範囲)[2]
　　(青木正夫，片岡正喜，本田昭四，他著による，1967年)

ハンドブック，マニュアル的なイギリスの文献が翻訳されたのがその先鞭となっている[1]。

ほかに，高齢者・障害者の属性に応じた行為空間，動作様態の把握などへの広がりが見られるようになった。このように，福祉空間デザインは専門的な施設整備の具体的な必要性からはじまっている。しかし，このころの取組み態勢は，いくつかの大学の研究室と施設設計にかかわる設計組織が中心で，決して大きくはなかった。

(b) 福祉空間デザイン課題の広がり

高度経済成長期には，つくる者，デザインする者の関心が生産や商業活動に直接的にかかわる建築や施設の新・増設へ圧倒的に傾斜していた。その終焉とともに，一種の見直しブームということであるが，重要でありながら，その陰にあったものへの関心も高まり，調査研究，計画・設計の実践活動の対象にも広がりが見られるようになった。それは福祉工場，スポーツ施設などにも及ぶようになり，専門施設中心から，ディテールや備品・装置などミクロな分野へ深まり，その一方，マクロには地域空間まで取組みの広がりが見られるようになった。このころの福祉空間デザインの視点には，「障害者・老人に配慮した」，「老人・障害者のための」といった前置きの付くことが多かった。

(c) 住宅からまちづくりまで

住宅の計画研究そのもの，特に公共集合住宅への取組みは，第二次大戦後すぐから，戦災焼失と海外引揚げによる住宅需要に対応する建設ブームによって活性化していたが，福

祉的な視点からの住宅研究が本格化したのは1970年代である。公営住宅で高齢者・障害者対応を含む「特定目的住宅」の建設にともなう必要性からといってよい。ここではじめて「老人向け住宅の計画・身体障害者向け住宅の計画」[3]というような公的な計画資料が生まれている。福祉空間デザインの視点からの住宅研究はその後，高齢・若年世帯の隣接居住住宅，1人暮らし高齢者の住宅の研究など，さらに広がりを見せている。専門施設の整備が進む一方，そこからの住宅復帰の受け皿的な住宅の状況をつくり出す社会的な要請に対応することにもなっている。

1973年，「身体障害者福祉モデル都市」事業を発端として地域的な広がりを見せたこの視点は80年代，90年代を通じてさらに拡大を続けていくことになる。住宅が福祉的な生活空間の受け皿であるだけでは不十分で，住宅地や周辺環境から都市環境までを対象とする考えになってきたということになる。具体的な課題は，専門施設，ディテール・装置・備品開発，住宅からまちづくりまで進んできたことになる。

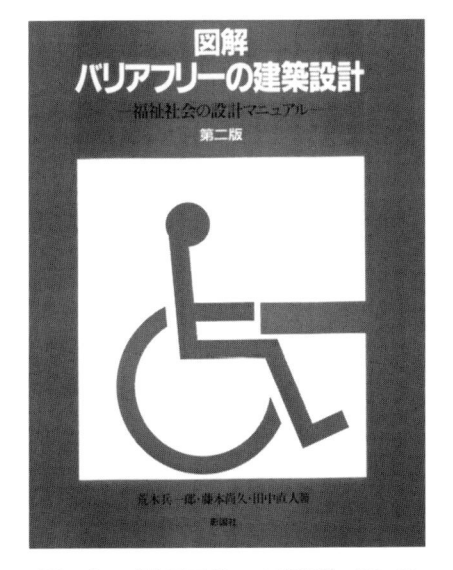

図1・3 バリアフリーの出版物（第2版 1995年の表紙写真，初版は1981年）

70年代後半になって，アメリカで使われていたBarrier-Free（Barriers-Freeの複数形もあった）の用語が知られはじめてはいたが，「障害者・老人に配慮した」とうたわないで，そのノーマライゼーションに通じた意味を重視して，そのカタカナ語が使われるようになり，1981年に「バリアフリー」を標題とした設計資料がはじめて刊行され[4]，その後わが国でも多くの関連書が出版されている（図1・3）。

(d) 公共施設から交通環境まで

寸法計画，施設計画，住宅計画からまちづくりへと広がる中で，80年代には公共建築を含む多くの人々が利用する建築一般へのバリアフリーへの取組みが進められ，90年代に入ると「ハートビル法」（高齢者・身体障害者等が円滑に利用できる特定建築物の建築の促進に関する法律）により法制度的な裏づけがなされるようになった。いわば，分散的に存在する点的な福祉空間デザインの範囲が広がり，関連する地域間をネット状につなぐ，面的な様相になってきたということができる。

90年代には，わが国にも，アメリカで提唱されたユニバーサルデザインの考え方が，しだいに意識され浸透している。これは高齢者，障害者といった対象概念を拡張した，「みんなのためのデザイン」ということである。

2000年には，点的な福祉空間デザインをつなぐ線の集積でもあるが，地域を面としてバリアフリー化する意味を持つ，鉄道・バスなどの交通機関そのものと駅舎・バス停などの交通施設・歩道などを対象とする「交通バリアフリー法」（高齢者，身体障害者等の公

共交通機関を利用した移動の円滑化の促進に関する法律）が施行された。これで，点，線，面にわたる生活環境全般のバリアフリーの方向が目に見えるようになってきた。

法令には適用条件を明確にする必要があり，初期的には建築の種類や駅などの乗降客数による限定条件があるが，順次改正をともないながら適切な対応と整備への方向に向かいつつある。

(3) 外部空間のバリアフリー化

われわれの生活環境バリアフリー化の行きつくところは，外部環境における福祉空間デザインである。公園や野外施設をはじめとして，道空間，さらには町並みまでである。これらはさまざまな属性を持った多数の人々の日常的な利用があるので，バリアフリー化というよりはユニバーサルデザインの対象と考えるほうがなじみやすい。

1-2 バリアフリーとユニバーサルデザイン

(1) 問題解決型の「バリアフリー」

バリアフリーは建築や生活環境において，現に生じている行動阻害要因の除去を考えることからはじまっている。中でも建築的な障壁（アーキテクチュラル・バリア）を除去（フリー）するということから，範囲を広げながら具体化され続けたといえる。それはまた，バリアとなりそうなものをつくり出さない知恵を蓄積していこうという取組みである。

しかし，これらの取組みには目に見えやすい物理的（ハード）面からのケースが多く，それだけに容易に目標達成に至るような誤解を生みやすい。実際には，それを実施しようとすればするほど，他のどちらかというと目に見えないソフト面，法制度的な面，それに一般の人々だけでなく専門的な担当者の意識の面でのバリアのほうを認識せざるをえないこともある。また，それらを包括的に進めていくとき，あらゆる面で生活を支えるサインや情報伝達・通信という分野でのバリアフリーの不可欠性もわかってくる。WHO（世界保健機関）ではバリアフリーの内容を次のように4つの側面から説明している（図1・4）。

① **物理的バリア**：建築，鉄道，バスなどにおける段差などの物理的バリア
② **制度的バリア**：社会・行政の仕組み，法制度，教育制度などのバリア
③ **情報のバリア**：情報の公開，放送，コミュニケーションなどにおけるバリア
④ **心のバリア**：偏見，差別，社会の不理解などの意識面でのバリア

バリアフリーは，現実にあるバリアを対象とするもので，その存在や再生産を容認する概念という批判的な見方もある。20世紀の

```
┌─────────────────┐
│   物理的バリア    │
│                 │
│   制度的バリア    │
│                 │
│   情報のバリア    │
│                 │
│ 心(意識)のバリア  │
└─────────────────┘
```

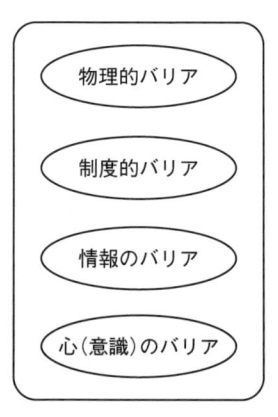

図1・4　バリアの4つの要因

工業化，都市化の進展が見過ごしてきた多くのバリアがバリアフリーの取組みで解消されれば，その用語も消滅していくことは確かである。しかし，その根絶にはさらに時間を要する。新しい概念とされるユニバーサルデザイン（Universal design）により環境形成が進んだとしても，生活様式や交通システムなどの社会変化の結果，ベターと思ったデザインそのものが，新たなバリアとなる可能性もあり得るのである。バリアフリーの視点そのものが不要になることはないといえよう。

(2) 理想追求型の「ユニバーサルデザイン」

福祉空間デザインの新しい認識としてユニバーサルデザインがある。できるかぎり多くの人々に利用可能なように最初から意図して，機器，建築，身の周りの空間などをデザインすることとされているが，基本は1人1人の人間性を尊重した社会生活環境を形成する努力である。バリアフリーが問題解決型であるのに対して，ユニバーサルデザインは理想追求型とみなすことができる。ユニバーサルデザインはアメリカでよく使われる用語である。同様な意味で，イギリスなどではインクルーシブデザイン（Inclusive design）やデザインフォーオール（Design for all）が使われている。

ユニバーサルデザインは提唱者ら[5]の定義をふまえて，訳語に多少の違いはあるが，7つの条件で説明されることが多い（図1·5）。

① だれでも公平に利用できること
② 使ううえで自由度が高いこと
③ 使い方が簡単ですぐわかること
④ 必要な情報がすぐ理解できること

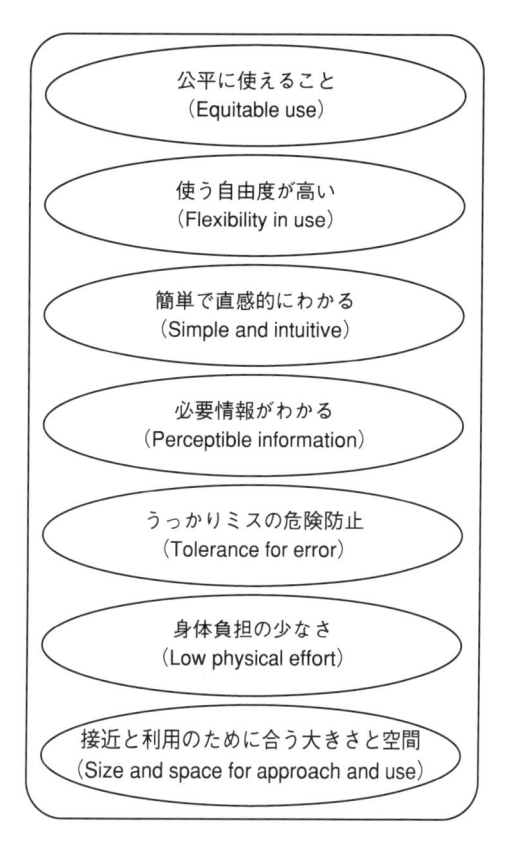

公平に使えること（Equitable use）
使う自由度が高い（Flexibility in use）
簡単で直感的にわかる（Simple and intuitive）
必要情報がわかる（Perceptible information）
うっかりミスの危険防止（Tolerance for error）
身体負担の少なさ（Low physical effort）
接近と利用のために合う大きさと空間（Size and space for approach and use）

図1·5 ユニバーサルデザインの7原則のモデル

⑤ うっかりミスや危険につながらないこと
⑥ 無理な姿勢をとらないですみ，少ない力で使えること
⑦ アクセスしやすいスペースとサイズであること

(3) バリアフリーとユニバーサルデザインの概念領域

バリアフリーは当初「障壁除去」と和訳され，ユニバーサルデザインは「万人向けデザイン」の和訳が当てられている。物品についてのユニバーサルデザインでは「汎用品」という表現もある。

バリアフリーが早く現れて普及していく中，ユニバーサルデザインがそれを包み込むような考え方として取り入れられている。バ

リアフリーが問題解決型で進んでいて，ユニバーサルデザインが当初からの理想追求型の考えであるから，いずれはバリアフリーがあまり使われなくなり，ユニバーサルデザインが用語としても，取組み方にしても表立ってくるのが自然な成り行きといえる。

バリアフリーは時間とともに，点字ブロックの敷設，段差解消とスロープ敷設，手すり設置など，目に見えた仕様のみに偏った狭い見方を生んでいる。そのような問題を是正するのも必要だが，ユニバーサルデザインの概念を強く推し進めるほうが現実的な方向である。もっとも，ユニバーサルデザインという言葉の魅力に期待するあまり，どんな人にも当てはまるという完璧性まで求めると期待を裏切られることになる。バリアフリーもユニバーサルデザインもどちらも努力する方向性を指しているものであり，具体的な細部は常にその目的にどこまで沿っているか，評価と是正を続けなければならないものである。

バリアフリーではあるがユニバーサルデザインとはいえないものや，ユニバーサルデザインとされていてもバリアフリーまでいっていないものもある。バリアフリーを包含する概念ではあっても，ユニバーサルデザインと完全に重ならない範囲もある（図1・6）。

(4) ユニバーサルデザインとインディビデュアルデザインの関係

ユニバーサルデザインが導入されはじめてから，その魅力にひかれて，物品，設備，家具，建築空間のデザイン分野の目標はすべてユニバーサルデザインでなければならないという誤解もなくはない。ユニバーサルデザインの優位性があるのは，多量に製造され，経済性のあるつまり商品価値があるものが先行する傾向がある。

ユニバーサルデザインには一方で，インディビデュアルデザインが対語としてあることが見落とされがちである。これは，特定の個人や特定の属性の人々に対してきめ細かく当てはまるデザインのことであり，オーダーメイドというものがその例である。ある個人や特定の属性の人々に適切に当てはまるものがそれぞれに提供されることも望ましいことである。デザイン分野におけるユニバーサルデザインとインディビデュアルデザインの対語性を忘れてはならない。

(5) ノーマライゼーションとの関係

バリアフリーとユニバーサルデザインも，またインディビデュアルデザインも，高齢や障害によって不利な状況を生じさせないように，ごく当たり前の条件，環境を創り出すノーマライゼーションの考え方と密接な関係にある。これらを包括する上位概念がノーマラ

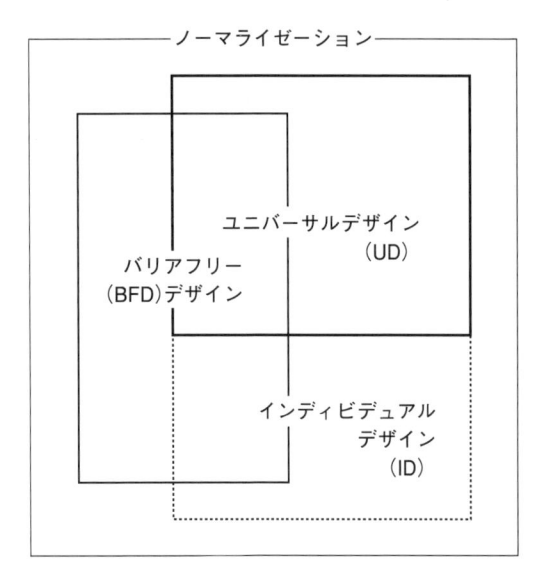

図1・6 バリアフリーとユニバーサルデザインをめぐる概念の関係

イゼーションである。

(6) 情報のユニバーサル化

ユニバーサルデザインは物品，設備，家具，建築空間のデザインからはじまっているが，たとえばパソコンの利用をしやすくするためにマウスを大きくすることはその延長にあり，視覚障害のある人のためにもキーボードを叩くと音声で応答できるようになっており，ホームページを開くと，その内容は音声とサウンドで伝えられるといった，いわゆるメディア情報のユニバーサル化である。

多くの人の利用に供する場所や物のサインに，文字のみでなくピクトグラムやロゴマークを使用することは，子どもでも大人でも，言語文化の異なる人々にもわかりやすくなり，まさにユニバーサル情報の新次元の言語世界である。

1-3 福祉空間デザインの領域

われわれの生活環境を中心に，福祉空間デザインでは，次のように物理的な領域をハードとし，課題となる対象をソフトとして整理しておくことから，バリアフリーとユニバーサルデザインについて考えることにする。ここでは身体に近いところから順次拡大的に見ていき，概念として領域モデルをとりまとめている（図1・7）。

(a) 家具・インテリア（インテリアデザイン）

住宅や店舗，オフィス，公共施設，いずれにおいても最も身近に接する環境が家具・インテリアデザイン領域である。いす，テーブル，ベッドなどは人体が直接的に接するので，チェックのしやすい分野であり，人間工学的な取組みは早くからはじまっており，フィードバックも比較的早い。

インテリアデザインのうち照明デザインは生活安全のために大きく寄与するものである。

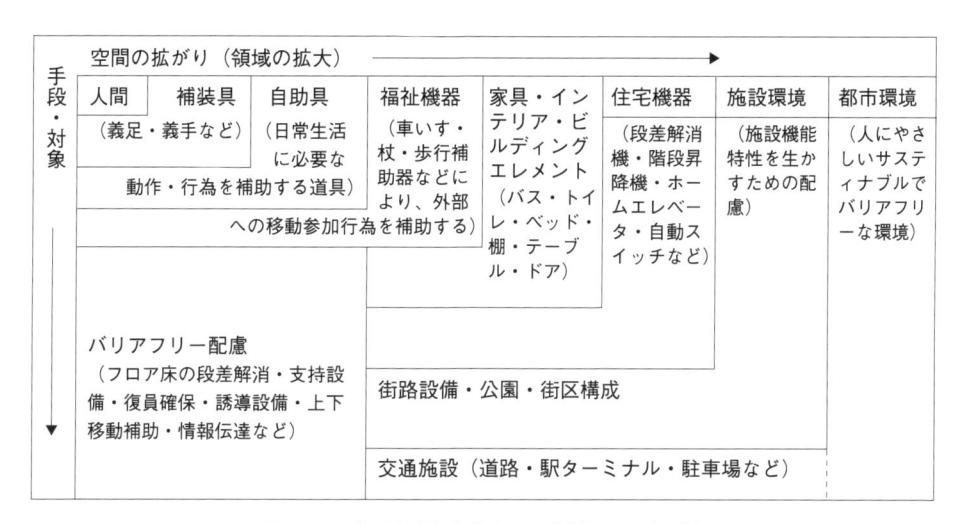

手段・対象	空間の拡がり（領域の拡大） →							
	人間	補装具（義足・義手など）	自助具（日常生活に必要な動作・行為を補助する道具）	福祉機器（車いす・杖・歩行補助器などにより、外部への移動参加行為を補助する）	家具・インテリア・ビルディングエレメント（バス・トイレ・ベッド・棚・テーブル・ドア）	住宅機器（段差解消機・階段昇降機・ホームエレベータ・自動スイッチなど）	施設環境（施設機能特性を生かすための配慮）	都市環境（人にやさしいサスティナブルでバリアフリーな環境）
↓		バリアフリー配慮（フロア床の段差解消・支持設備・復員確保・誘導設備・上下移動補助・情報伝達など）			街路設備・公園・街区構成			
					交通施設（道路・駅ターミナル・駐車場など）			

図1・7 福祉空間デザインの領域のモデル図

(b) 建築細部，部位（ディテールデザイン）

ドアとそのノブ（取手），スイッチ・コンセント，手すり，窓台など建築細部（ディテール），部位のデザイン分野である。

(c) 設備・用品（プロダクツデザイン）

キッチン設備，バス・シャワー・洗面設備，トイレの便器とその付帯物，テレビ，暖冷房機，電話などである。テレビ，電話機，スタンド，パソコン，プリンターなど，プロダクトデザインとして工業デザイン的に取り組まれるものも多い。

人の移動や動作のサポートに欠かせない車いすや歩行補助器などは人体と密接な設備・用品デザイン分野である。

(d) 住宅・住戸（ハウジングデザイン）

生活の拠点となる空間のデザインである。独立住宅では多くの場合，建築主があり，プランニングと外観デザインなどではインディビデュアルデザインの性格が強い。しかし，部位，用品などにはユニバーサルデザインが有力である。集合住宅でもオーダー性の強い分譲マンションや公共住宅の車いす対応ハーフメイド式のものは個性対応の面が強い。

賃貸の集合住宅は民間，公共を問わずユニバーサルデザイン性が求められやすい。

(e) 公共的な建築・施設（パブリックデザイン）

庁舎建築，図書館，美術館，公民館，病院，学校，その他の専門施設など，公共的な機能を持つ建築空間とその内部のデザインは福祉空間デザインの効果的な対象である。管理運営が公共であることにとどまらず，多くの人々が日常的に利用する民間運営の建築や施設，駅舎など交通システムと一体化した公共的な施設も含まれる。

(f) 都市の生活環境（アーバンデザイン）

公園，歩道などの外部環境のデザインも重要な対象であるが，都市内の生活の利便，快適，安全，安心を保証するような都市計画，地域の計画，まちづくりも広義での福祉空間デザインの領域に含まれる。

都市空間を人間中心に考えることこそ，これからの福祉・環境問題に対応する最も重要なテーマとなるといえよう。

参考文献・出典
1) セルウィン・ゴールドスミス著，青木正夫，片岡正喜，他訳「身体障害者のための生活環境設計」人間と技術社，1975
2) 青木正夫，片岡正喜，本田昭四，他著「リハビリテーション施設に関する研究―車イスおよび車イスにおける人体寸法　その2―」日本建築学会論文報告集号外 1967.10
3) 特定目的公営住宅建設促進会議編「老人向け住宅の計画・身体障害者向け住宅の計画」日本住宅協会，1974
4) 荒木兵一郎，藤本尚久，田中直人共著「図解バリアフリーの建築設計」彰国社，初版1981，第2版1995
5) 1990年代，アメリカ，ノースカロライナ州立大学のロナルド・メイスらは，製品，建築，空間のデザインを，すべての人々に対し，できる限り利用可能にするという考え方を提唱した。

第2章
人間環境とバリアフリー

2-1 バリアフリー環境の原理

　人間環境にかかわるバリアフリーとは，障害のある人々を対象として建物や都市をつくろうとするのではなく，子どもから成人・高齢者まで，だれもがどこでもバリアとなるものを取りのぞいて暮らしやすく使いやすくすることである。

　だれもが暮らしやすい環境，だれもが使いやすい条件を考えるためには，高齢者や障害者そして幼児についてもよく知っておかなければならない。本章では，主に歩行障害（車いす使用・杖使用など）と視覚障害そして聴覚障害のある心身状況の弱体化した高齢者を含む人々を対象として，バリアフリーの内容とその対応について述べる。これは彼らが日常の生活行動においてバリアに対して最も厳しい要求を持っている（図2・1）。

(1) 障害者，高齢者にとってのバリアの様相

　歩行にかかわるバリアとしては，一般に歩行路面における障害物が考えられる。健常者にとっては平易なものであっても，特に上肢および下肢，視覚，聴覚，の身体障害，それに，身体条件の弱体化した高齢者の障害の程度によっては，著しいバリアとなり，安全を損なうことになる場合も多い。

　これまでの対象は，車いすでの出入口の移動時におけるバリア，戸外における車いす使用による場合などが中心であるが，上肢に巧遅障害があり，上肢の機能が低下したりマヒしている場合には，ドアの取手の形状などによって握りにくく開閉が難しい。歩行路や通路などの上部にある，木の枝や看板，トラックの荷台などの障害物は危険である。また，車いす自体は小回りがききにくいので調節が難しいなど，バリアへの特徴がうかがえる。

　視覚障害がある場合は，周知の場所に一度案内されると，それ以後は記憶した道をたどることができる。逆に，広くオープンな場所の横断や方向転換の繰り返しでは定位の場所が不明になる。また，狭い歩行路や通路で

図2・1
昇降機設備のバリアフリーとサイン

は，他人の通過や通路に置かれた物品などに衝突して方向を見失うことがある。

聴覚障害がある場合には，視覚による補助手段を用いてバリアをクリアすることができ，手話や文字などによる伝達もできる。しかし，災害時・緊急時には警報による情報伝達が行えず視覚的手段が欠かせない。

高齢者にとっては，加齢とともに生理的，心理的，身体機能的な面での変化がおきてくる。体力，聴力，平衡感覚，中枢神経など多くの機能が衰退し，60歳代になると身体機能が低下する人も多い。そのため障害物により転倒したり，骨折などが生じやすい。

これに加えて，介護者もバリアの存在を意識することが求められている。なお，認知症を含めた高齢者の在宅介護も一段と増傾向にあり，介護者のみならず障害者や高齢者自身にとっても，バリアを意識しない日常生活はしだいに困難になる。

(2) 障害除去の具体化

歩行者の障害となるバリアや，とりわけ視覚障害（弱視，視野狭窄を含む）の人々にとって，歩行行動では固定物ではなく，時によって出現する障害物，自動車，自転車，看板，ベンチなどは危険である。このほか，柱，壁，空中の突起物は通路内に入り込まないようにする。床レベルでの通路の段差など急激な変化は行わず，特に，1段のみの段差は極力避けなければならない。また，側溝なども危険なためグレーチングなどの蓋の設置が必要である（図2・2）。

建物や部屋の配置や平面計画においては，動線計画や間取りの工夫が必要である。直交した通路軸，明確な空間構成とするのがよ

図2・2 グレーチング

い。利用頻度の高い物や場所は，容易に見つけ出せる場所に配置する。また，出入口では鉢合せや混雑を防ぐため出口と入口の分離や，人の動線と物の運搬路を明確に区分するなどの検討も必要である。また，誘動タイルなどの足触りや，手すりの手触りによる誘導が効果的なほか，音や光による誘導，匂いや温度変化も誘導に役立つこともある。

(3) バリアの生じやすい側面と原因

車いすや補助用具を使用する人を歩行困難者とすると，高齢者や一時的な歩行障害の状況にある人も含まれる。これらの人々が日常的に行動するうえで，困難の理由としてのバリアの存在についてみると，以下の場合が考えられる。

① 歩きづらい，歩くのに介護が必要，転びやすい：歩行路・通路が歩行に適さない形状，未整備
② 階への上り下りが困難，危険をともなう，迷う：階段へのアプローチが不便，階段の形状が危険，補助用具が不備など
③ 車いすへの乗換，交通機関の乗降が困難：手段としての介助の必要，システムとしてのバリアフリー化の未整備
④ いすや便器への着座，身体の横たわりが困難：用器具の工夫や訓練，装置やスペース

の確保の必要
⑤ 部屋や建物および浴室やトイレへの出入りが困難：バリアフリー設計，動線計画，住戸計画の見直し，リフォームなど
⑥ 棚や物入れでの取り出し，出し入れが困難：収納にかかわる動作，作業の軽便化
⑦ デスクワークやカウンターでの作業：安全で動作環境に便利な対応
⑧ 移動や歩行などの困難，危険箇所の存在：方向誘導，歩行空間の整備，危険箇所の回避

(4) バリアと事故発生の危険性

これらの困難やバリアによって，生じる事故や原因には次のものがあげられる。
① 転倒事故，落下事故，衝突事故，挟まれる事故，危険物への接触事故など
② 火災時の避難，情報の周知と避難経路の確保，場所や所在の認識，経路の認識，注意や危険所在の認識（非常時対応への困難さ）など

このため，バリアフリーの原理としては，以上のような困難さとバリアの存在を回避させ，危険な事故や危急な災害から防御することこそが，最も重要なバリアフリーのための条件であり，これらのうち建物を取り巻く環境全般について配慮すべきものとして次のことがある。①重要な機能を持つものを集中的に採用し，必要なものから段階的に整備をする。②たとえ，使い方に失敗したとしても，二重三重の安全を考慮した並列のシステムとする。③選択性のあるバリアフリーの対応策とする。これらの要件を積極的に実施することによりバリアを軽減することができる。車いす使用者が利用できることを示す場所と施設には，シンボルマークがつけられている（図2・3）。

図2・3 車いす使用者が利用できる施設標識

2-2 人体動作・行為と空間寸法

(1) 人体動作と車いすの空間寸法

人間の機能的な寸法については，車いす使用者が障害者の大多数を占めるわけではないが，車いす使用者が移動するときに最も多くの空間を要するので，バリアフリー設計の基準となる数値を車いす使用者の要求する数値とすることが一般的である。

車いすには，手動車いす（自走用，介助用）と電動車いすがある。自立した車いす使用者が使っているのは，手動車いすで折りたたみ式の大人用サイズのものである。このタイプの車いすが使用できるかどうかが空間寸法の規準となる。なお，アーム着脱式の車いすも普及している。

車いすのサイズは，手動車いすでは一般に全幅65 cm，高さ98 cm，座面高さ45 cm，全長106 cmが多い。電動車いすでは全幅70 cm以下，全長120 cm以下で，登坂力は10度程度である（図2・4）。なお，電動車いすと性能が類似するハンドル型電動いすが高齢な歩行困難者に普及しつつあり，屋外で手動

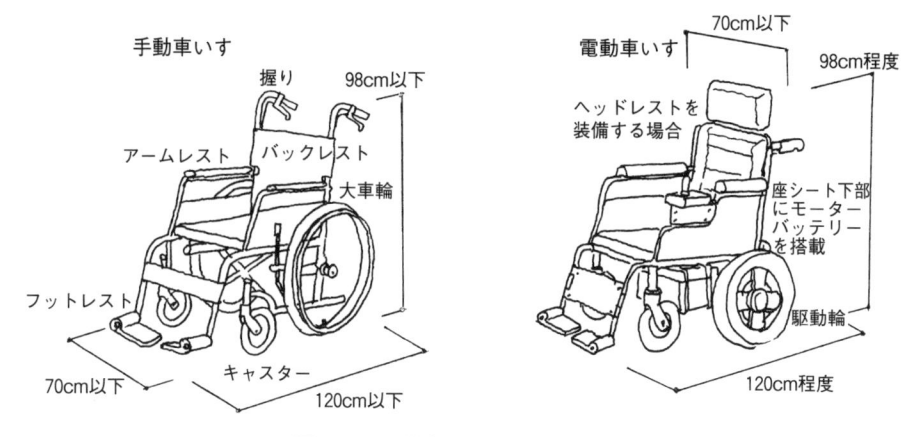

図 2・4　手動車いすと電動車いす

車いすが使用できるところはこれらの使用も可能である。

　車いす用スペースは，車いすと乗降動作に要するスペースを考慮しなければならない。

　車いすに乗り降りする際に，一部の人は床に立つことができるがほとんどの人は介助者なしでは床に立つこともできない。また，ベッドから車いすへ，車いすからトイレの便座へ，浴室の浴槽の台座に移る場合は，車いすから乗り移りや乗り降りのスペースが求められる。

　車いすの乗り降りには，前方，側方，後方からがある。前方からは一般につかまり棒のような支持具の助けをかりて身体の向きを変える必要がある。座面にリクライニング機構や背もたれ部にジッパーがついた車いすは後方からの乗り降りが可能であるが，後ろからの乗り降りは一般的でない。

　アーム部分が着脱できる車いすでは側方からの乗り降りが可能で多くの人が動作できる。したがって座席やベッドの側方に車いすを置くスペースがあれば左右どちら側からも乗り移りが容易で介助者の必要な場合には介護にも都合がよい。

(2) 障害者の姿勢と人体動作域

　日常的な生活行為のほとんどは主体となる姿勢とそれに関する手足や身体の動き，歩行，複数の動作の組合せからなり，それによって必要な空間の広さが求められる。

　歩行困難者とは歩行が困難な人たちや歩行に危険がともなう人たちで，立位ではクラッチや杖のほか歩行器を，座位では車いすを使用する。歩行困難者には，多数の高齢者や一義的な障害者，義足の装着者も含まれ，立ったり座ったりと位置変化によって使用する機器も異なる。

　①　車いす使用者の手の届く範囲は，着座した姿勢のために狭くなる。食事のためのカウンターや電灯スイッチなど生活上に必要となる部分は，着座したままで手の届く範囲内に配置する必要がある。大人の車いす使用者では，床からの高さが 40 cm 以上 160 cm 以下の範囲と狭い。左右は，車いすに着座した身体の中央から手の届く範囲内で 80 cm 以下である。なお，前方はほぼ車いすの範囲でつま先まで，後方へは困難が多い（図 2・5）。

　②　杖使用者の立位の幅は，杖で身体を支えるため肩幅より少し広く，一本杖で片側の

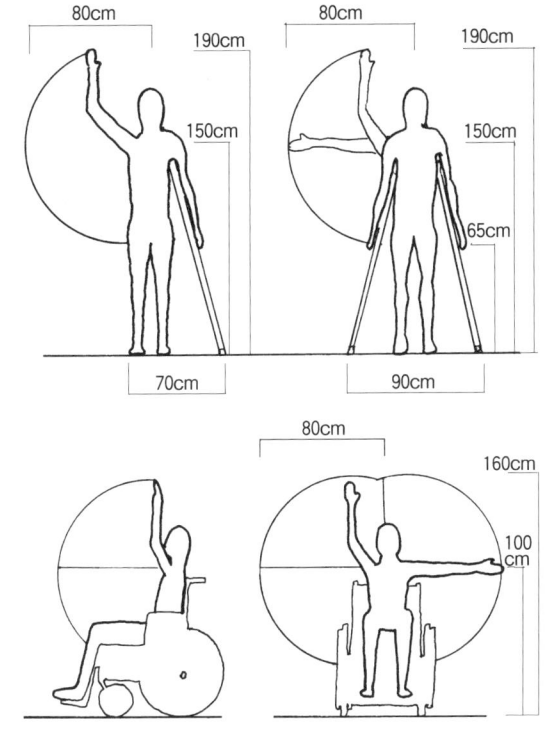

図2・5 杖・車いす使用の基本寸法

みは70 cm，両杖の使用は90 cmと立位の幅が広い。

杖使用時に立位で手の届く範囲は，一本杖および両杖ともに両手の届く範囲内で，体の中心から左右80 cm以内，肩口から上下80 cm以下と限られる。なお杖のみでの体の支持は安定性が悪い。

立位で手の届く範囲には，手すり，コントロールスイッチ，冷蔵庫，コンロなどを用意し，腰を下げずに立ったままで到達できるほうがよい。

③ 車いす使用者が通行する場合は，車いすの操作にともない揺れが生じる。車いすの全幅と両肘の突き出し，それに揺れ幅を合計したもので80 cm以上となる。出入口や通路など車いすが常時1台通行する場合の最低幅は90 cm以上が必要となる。なお，車いす2台が相互にすれ違うための通路幅は180 cm以上が必要と考える（図2・6）。

車いすと人がすれ違うためには，人が横向きの場合に120 cm以上，人と車いすが対面ですれ違うには135 cm以上必要となる。なお，杖使用者と車いすがすれ違うには180 cm以上必要である。

車いすで方向転換するためには，車いすの進行方向を回転によって転換する。両輪による回転に必要な最小寸法は150 cm以上で，90度方向転換では135 cm以上，車いす中心に360度回転するためには180 cm以上，片

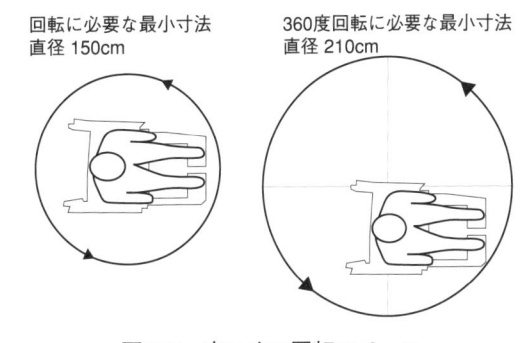

図2・7 車いすの回転スペース

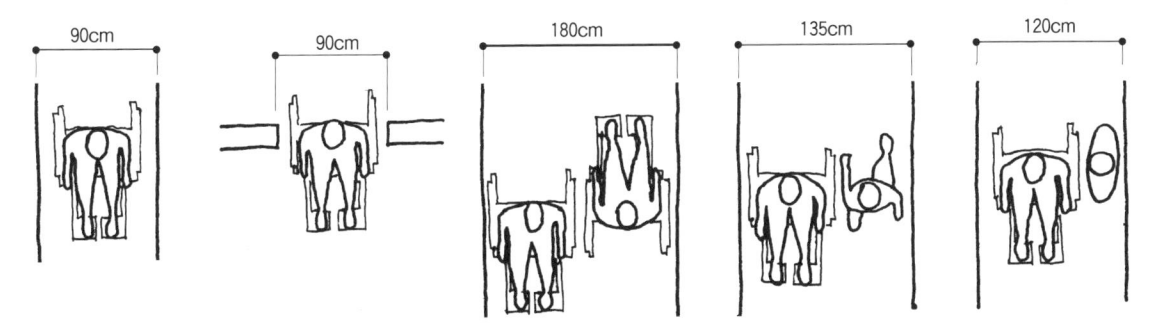

図2・6 車いすの通行スペース

側の車輪を中心に360度回転するためには210 cm必要である（図2・7）。

2-3 段差，階差（階段/傾斜路）のデザイン

車いす利用者にとって，高いところへの移動は困難も多く小さな段差であっても大きな障害となる。これらの階段や斜路を安全かつ快適に移動できるよう計画する。

図2・8 階をまたぐ長い傾斜路

(1) 傾斜路（スロープ）

建物の階に違いがある場合に階段が設けられるが障害者にとって階段を上るのは危険で困難をともなう。したがって1段でも段差がある場合にはバリアとなる。そのため，車いす使用者がレベル差を解消するために傾斜路を設ける。

① 傾斜路と階段の利用者は，車いす使用者ばかりでなく，高齢者や乳母車を押す母親にとっても便利である。健常で階段を上れる人は階段を使用するため，階段と傾斜路は併用して設けられる。しかし，階段が多い場合には傾斜路の延長が長くなり階段とエレベータを併用することになる。

② 建物の階をつなぐ傾斜路では，昇降するためには長い傾斜路となるため，途中に折り返しが必要となる（図2・8）。

車いすでこれらの長い傾斜路を上るのは大変で，下降時にはスピードが出るので，転倒や折り返し壁への衝突など危険がある。そのため傾斜路の延長をどの程度までにするか検討の必要がある。

③ 傾斜路の最大勾配は，1/12以下とする。ただし屋外などで雨に濡れる場合には1/20以下にする。極めて短い距離や補助的な下りの避難路については1/10以下でもよい。なお，上りの避難路は1/20以下とする（図2・9）。

傾斜路の横断面は水平であることが望ましい。屋外の傾斜路では排水のために1/100程度の水勾配がつけられる。傾斜路の横断面に傾きがあると車いすは低いほうに車輪が向い

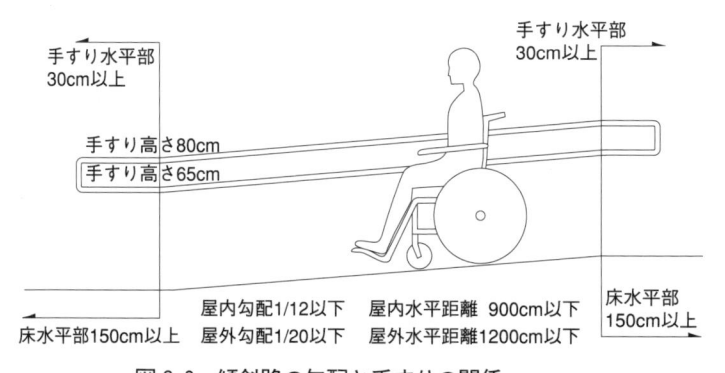

図2・9 傾斜路の勾配と手すりの関係
（傾斜路が長くなる場合は中間に踊り場が必要）

てしまい蛇行して前進しにくい。できるだけ水勾配は小さくしたい。

④ **傾斜路の幅員は**，廊下と同様に車いすの蛇行を考慮し余裕をもたせる。車いす利用者と杖使用者がすれ違えるように幅員150 cmは確保する。また車いす同士がすれ違えるためには180 cmを確保する。

⑤ **急な傾斜路や長い傾斜路では**，しだいにスピードも出て危険である。長い傾斜路では水平距離10 mごとに，または傾斜路の折り返しごとに水平部分（踊り場）を設ける。

傾斜路での方向転換は困難なため，傾斜路の折り返し場所で車いすが方向転換できる広さが必要である。傾斜路の上り始めや終わりの地点では，減速，休息，安全の確認，方向転換のためのスペースが必要である。その広さは水平の踊り場で方向転換のできる150×150 cm以上が必要となる。

また，出入口が近い場合はこれにドア開閉のスペースも見込まなければならない。

⑥ **傾斜路の立ち上がりは**，車いすの脱輪や杖使用者の杖の落下を防ぐために，側壁や床から設けられる必要がある。立ち上がり部には縁石5 cm以上を設け，さらに手すりを取り付ける。

手すりは，少なくとも片側に連続したもので，踊り場でも途切れることなく設ける。高さの標準は80 cm，始終端より水平部に30 cm以上延長し，端部では衣類の袖口が引っかからないなど危険のない形状とする。なお，床水平部分は150 cm以上必要である。

⑦ **車いす使用者は**，上昇時に手すりを使って引き上げるので2段になった手すりがよい。低いほうの手すりの高さは床から65 cm程度とする。手すりの断面は円形または楕円形とし，車いすに座り傾斜路で身体を引き上げるのに役立つ。

図2·10 傾斜路の点字標示

傾斜路では蛇行することが多いため側壁にはキックプレートを設ける。また，床は滑りにくい材料や滑り止めを施したものとする。

⑧ **傾斜路の位置表示は**，視覚障害のある人にとって，傾斜路がどこにあるかを認知しにくい。そこで，傾斜路の始点と終点の床面に点字ブロックを貼り，床の材質を変化させて察知させる。傾斜路に設けた手すりの端部に現在位置や傾斜路の情報を点字で標示する（図2·10）。

（2） 階　段

視覚障害者にとって階段の始点と終点を認識することは困難が多い。

広い空間内で突然の上り下りがあると，つまずいて転倒する危険がある。

① **階段の位置は**，廊下や通路の循環路に接続した部分または通路が直交した後にあるのがよい。廊下や通路の延長上に設け，各階ともに同じ位置がよい。

吹抜けをともなう階段は，杖使用者にとって危険であり，落下防止などの対策が必要である。また，階段の下部が通り抜けられる場合には，視覚障害者や幼児などが階段の裏側部に頭をぶつけやすい。このため階段下部は少なくとも床から220 cm以上のクリアラン

② 階段にはいろいろな形がある。中でも螺旋階段は視覚障害者にとって定位を失いやすく方向感覚を誤ってしまう。また，踏面の幅が内側と外側で異なるために，脚を踏み外す危険性が高い。

階段に蹴込板のない場合には脚の入り込み，杖使用者は杖が入り込むなどの事故が多い。階段を上る場合に段鼻の出っ張った部分に足が引っかかり転倒することもある。これらは下肢の不自由な人や補装具を使用している人にとって昇降時の事故となり危険である。

③ 主要階段の有効幅員は，120 cm以上とする。蹴上げは10 cm以上16 cm以下とし，踏面は30 cm以上35 cm以下とする。踏面や蹴上げは階段の途中で変更するとつまずきの原因ともなることから同一階段では同一寸法とする（図2・11）。

④ 階段の蹴上げと踏面には必要寸法がある。中でも杖使用者の場合は杖の先端部分の底面が小さいので滑りやすく，滑りにくい材料や仕上げとする。階段の両側には杖が滑り落ちるのを防止するために立ち上がりを設ける。また，靴などが入り込まないように蹴込板や側板を設ける。踏面にはノンスリップを設け滑り止めとするが，階段の踏面の表面から突出しないようにする。

弱視者は連続した階段部分が1枚に見えてしまうことから，階段からの踏み外しによる転落を防止するために踏面とノンスリップの色を対比させコントラストを高めることにより階段をわかりやすくする。

⑤ 階段には両側に手すりをつける。少なくとも連続した手すりを設ける。階段の手すりは子どもたちにとって遊び場となりやすい。そのため断面形は円形もしくは楕円形とし，子どもが手すりに上らないように工夫する。手すりの取付けは壁から4 cmの間隔をとる。この間隔はバランスを失った人が手すりと壁との間に手を滑り込まさず，しかも手すりをつかみやすくするために必ず必要である。

手すりは階段の始点や終点から延長し，歩行困難者が脚を引き寄せ身体のバランスを立て直すのに役立つようにする。また，踊り場などでも手すりを途切れることなく，廊下の手すりなどとも連続することが望ましい（図2・12）。なお，幼児向けの低い手すりを併置したい。

手すりは身体を保持するために体重がかかるため堅固に取り付ける。また駅のプラットホームや多人数が集中する場所では安全性を考慮する。

図2・11　階段と手すりの高さ

図2・12　階段に連続した2段の手すり

⑥　階段の手すりのサイズは，握りやすく握力を伝えやすいことが求められる。手すりを握ることが困難な障害者の場合には，手すりに肘を置いて身体を支えることが多いことから，手すりの上面を平らにする。視覚障害者では階段や斜路など始点と終点がわかりにくいので，手すりの端部を30 cm ほど水平に延ばしておく。手すりの端部は終端部を折り曲げて壁に埋め込むか廊下の手すりと連続することが望まれる。

階段の手すりの高さは幼児や高齢者の利用を考慮して65 cm と85 cm の2段を標準としている。なお，手すりの端部や要所には点字などにより位置情報を表示する。手すり子のある手すりには杖が引っかからないように側板を設ける。

通路や階段そして斜路で幅員が3 m を超える場合には，転倒や定位を失わないために，一端から120 cm 程度の位置に手すりを設置し両手で手すりをつかむことができるようにする。手すりはできるだけ連続することが望ましく，柱や出角，踊り場などにも設ける。また部屋への入口のドアにも手すりをつけるなどして連続させるのがよい。

⑦　階段の始点と終点では，弱視者が発見しやすいように付近の照度をあげておく。照明は色彩のコントラストとともに使用すると効果的である。遠くから階段が判別できるように，階段部分の色彩をコントラストの高いものとするとよい。蹴上げと踏面を明確に区分するために段鼻に彩色を施すなどの工夫が必要である。また，昇降部分に照明器具を1列に並べることにより誘導を容易にできる。

⑧　階段の始点と終点には，点字ブロックを貼るか仕上げを変える。足触りでわかるようにする。また階数がわかるようになっているのが望ましい。手すりの端部は点字などにより現在の階数や位置などの情報を表示する。

2-4　建築の部位とバリアフリー

住まいの中の各種機器や設備にもバリアフリーやユニバーサルデザインが必要な箇所が多い。

(1)　電　話

高齢者のあいだにも携帯電話が広まっているが，病院などでは使用できないところが多い。公共施設の中では車いす使用者が使用できる公衆電話が1つはほしい。一般の電話台の高さは100 cm 程度であるが，車いす使用者は座位で使用するために，電話のダイヤルが高さ90～100 cm になるように設置し電話台の高さは72 cm 程度が望ましい。車いすごと接近できるように幅は70～80 cm 必要である（図2・13）。

公衆電話ボックスも車いす使用者が車いすごと中に入れる広さが必要である。また，多数の電話機が設置される場合には，難聴者用の拡声器をつけ照明シグナルも付加されたも

図2・13　車いす使用者対応の公衆電話設置

のがよい。

(2) 水飲み器

水飲み器の高さは 70～80 cm 程度で下部にクリアランスを設けるか，車いす使用者が接近できるように水飲み器に車いすを横付けできるようにする。

水飲み器が壁から突出したり通路部分にはみ出したり，視覚障害者の通行を阻害するおそれがある場合は，通路部分から少し奥まったアルコーブに設ける。また，水栓金具の操作部分は車いす側の手前に設けボタン式などにする（図 2・14）。

図 2・14　一般および車いす用併設の水飲み器

(3) 自動販売機

駅や空港のほか公共施設内に自動販売機が設置されることが多い。自動販売機は健常者による利用のほか，車いす使用者用として，硬貨投入から商品を選定し取り出しまで，高さ 40～120 cm 程度の範囲にそれらの操作部分が取り付けられることが望ましい。

自動販売機への車いす使用者の接近性を高めるためフットレストが入るように下部にク

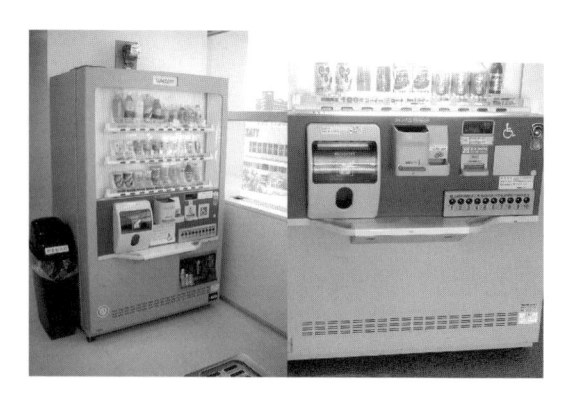

図 2・15　車いす使用者にも対応した自動販売機

リアランスを設けるか，車いすを横付けできるスペースを確保したい（図 2・15）。

(4) スイッチ・コンセント類

障害者の使用を考慮して電源スイッチボタンやコンセント類の位置や標示パネルを工夫する。建物内の照明や空調設備などの主要なコントロールスイッチは車いす使用者にも手の届くものでなければならない。車いす使用者と一般の立位の歩行者いずれもが共通に使用できる範囲に設置する。そのためには，車いす使用者が手の届く 40～120 cm 程度の範囲内に取り付ける（図 2・16）。

① インターホンや引っ張りスイッチは，車いす使用者が軽く手をあげる 120 cm 程度，一般の照明や空気調和設備のスイッチで

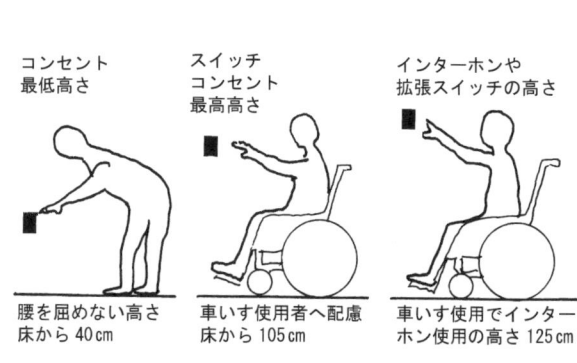

図 2・16　各種スイッチ類の高さ

は80〜100cm程度，コンセントは低いもので床から40cm，側壁がある場合は側壁から40cm以上離した位置とする。なお，子どもや幼児によるコンセントやスイッチでのいたずらにも考慮する。

② **照明のスイッチ**などは，ボタン操作によるものが多い。障害の程度によっても異なるが，それぞれのコントロールスイッチは浮き彫りのシンボル文字やサインにより内容を表示し誤操作を生じないようにする。特に視覚障害のある人が操作しやすいように点字つきや照明つきで認識しやすいものとする。タッチ部分も大型のものを使用すると健常者であっても手がふさがった場合に便利である。

③ **スイッチと自動安全装置**は，十分な注意が必要となる。中でも給湯装置の水栓スイッチは，お湯の温度調節や給湯時間は操作が単純で確実に行えるものがよい。サーモスタットが内蔵されたものや自動止水の機能を持つ製品もある。

(5) エレベータ

建物内で機械を使っての移動装置としてエレベータとエスカレータがある。階数が2以上の場合はエレベータが使用される。

① **エレベータ前のホール**は，エントランスやロビーなどの主要な動線上に配置される。エレベータ位置を認識できるように明るくコントラストを明快にしたい。エレベータには入口の方向が階によって異なるものもあるが，視覚障害の人が利用する場合は，方向感覚を失うことがあるので避けたい。幼児や高齢者の利用も考慮し操作しやすいものにする。車いす使用者には避難階段が使用できないので，非常用エレベータが必要である。

② **車いす使用者が使用できるエレベータのかごの寸法**は，出入りのための有効開口が80cm以上で，間口140cm，奥行き135cm以上とする。かごの中で車いすが180度回転できない場合には，背後の状況がわかるように背面に鏡を設置する。

③ **エレベータホールの乗り場ボタン**は，車いす使用者の手が届く80〜110cmの範囲に設置する。これにより子どもや高齢者も操作できる（図2・17）。

かごの中の操作パネルは車いす用と一般用の2つを設ける。車いす用は横型配置のパネルで，視覚障害の人のためにも，玄関フロアーと他階とのボタンの色彩を変え浮き彫りにすることにより階数を表示するなど区分する。また，利用階数をボタン内臓ランプの表示サインで判断できるのが望ましい。

④ **エレベータには安全装置の設定が必要**である。車いすなど障害者の行動は一般に遅くなりがちなため，エレベータドアの開閉速度は遅めに，開放時間を長めに設定する必要がある。また開閉装置には人物検知センサー付きとする。

エレベータの乗降の際に車いすの前輪が，かごと床との間にはまり込むことがある。そのため車いす使用者は大きい後輪から乗り込むことが多い。したがってエレベータと床との隙間は1.5cm以下が望ましい。また，狭いかごの中では車いすが壁に衝突することが

図2・17 エレベータ操作盤

多いので，周囲にはキックプレートを設け，高齢者などの使用も考慮して手すりを設ける。

(6) エスカレータ

エスカレータは高齢者や歩行困難者にとって有用な昇降手段となる。エスカレータは蹴上げ寸法が大きく，昇降口ではその寸法が変化するため平衡感覚を失いやすい。車いす使用者も利用できるが，1人で乗るためには慣れも必要である。また介護者がいればより安全である。

① 視覚障害のある人にも利用できるが，昇降口の位置や終点の位置がわかりにくい。照明により始終点を照らすなどの工夫が必要である。エスカレータのステップの有効寸法が80cm以上であれば障害者も利用できる。ただし，車いす使用者や視覚障害者がエスカレータを利用するときには，乗り移りが困難である。

② エスカレータの昇降口部には，120cm以上の水平部を設け，手すりにつかまりながら乗り移る。エスカレータの速度は毎分30m以下とする。昇降口では方向転換ができるように150cm以上のスペースが必要である。

昇降口のくし板は薄くしてキャスターで乗り越えやすくする。なお，くし板と段との間に吸い込まれないように隙間をできるだけ少なくする（図2・18）。

図2・18　エスカレータ照明と固定手すり

③ 昇降口では，歩行困難者が移動手すりにつかまれず転倒することがある。そのため移動手すりのほかに，固定手すりを1m以上設ける。

参考文献・出典

1) 荒木兵一郎・藤本尚久・田中直人：図解バリアフリーの建築設計，彰国社，1995
2) 野村歡・橋本美芽監修：住環境のバリアフリーデザインブック，彰国社，2003
3) 日本建築学会編：コンパクト建築設計資料集成，丸善，1999
4) 東京商工会議所：福祉住環境コーディネータ検定2級テキスト

第3章
歩行安全空間と交通環境のデザイン

　住宅をはじめ公共建築やショッピング施設など，民間建築内部やその敷地内では安全・便利という条件を満たすことが基本条件である。しかし，同時に，それらを利用するための道路などの外部環境や交通機関についても同様であることが要求される。建築種別に注意が向けられるわりには，この問題が軽く考えられる傾向にあるが，どちらかに偏らない連続した施策の実施や計画技術が必要である。

3-1　モータリゼーションの発達過程と歩行空間

　現代は車（モータリゼーション）社会といわれ，日常生活，通勤・通学，営業，旅行，輸送，すべてにわたって車が大量に動き回っている。これは時代的に見ると，ほんの半世紀前，第二次世界大戦後の発達によるものである。そのころはまちの構造，鉄道駅周辺に集積した商店街，道路の幅やそのネットワーク，どれも車社会を念頭においてはいなかった。その後の都市計画も道路整備も住宅団地の配置においても，いずれも後発的な整備計画となっており，いまだに決定的な解決を見ていない。一方では，車依存を前提に，郊外サイドへ，幹線道へとスプロールしてきた都市機能の拡大にも行き過ぎがある。近年，逆に都心への職住近接といった回帰傾向も現れて，コンパクトな居住形態が求められる趨勢もある。モータリゼーションの成熟した社会としての多くの問題解決のための課題が残っており，今後の国土・経済の公共施策のあり方にかかっている。

(1)　車道と歩行空間の矛盾の克服

　車が人と同じ道を走りはじめた産業革命以降，車は個人所得階層においても，産業構造の先端的な経済力の象徴（ステイタス・シンボル）でもあった。

　その数が限られていた時期は日常の道路交通にマイナス影響を及ぼすことは少なかったが，高度経済成長とともに爆発的に車は増加し，その交通需要に対応する道路整備は車社会のメカニズムの中で車優先の位置づけを確立してしまった。車は真っ直ぐ走れても，人は，車を避けながら狭い歩道を，電柱，ポスト，標識やミラー支柱，電話ボックス，立て看板，果ては店舗の商品陳列や自販機をよけながらしか歩けない（図3・1）。せっかくの街路樹も歩道幅に食い込んでいる箇所も多い。人の歩行は，近距離の生活上，用務上，

図3・1 歩道に見られる多くの障害物

交通機関から目的地点への移動の体系であり，車のそれは，やや距離のある目的地間の移動，物品搬送をともない，車幅と速度による機動力の体系である。それが同じルート，同じ路面，同じ区間で交差することに必然性があるとはいえないということである。道路の構造技術，整備体系は人と車の移動メカニズムの二重性をいまだに消化し切れていない。

その認識のもとに，歩行者天国，スクールゾーン，一方交通，歩車共存道路などの試みがなされ，積極的な法令制度（交通バリアフリー法）が整備され，急速にその改善は進んでいる。歩道の立体交差場所のエレベータ設置は画期的であるが，その高価な解決法はどこにでも当てはめるには無理がある。道路を道空間として，近所づきあい，子どもの遊び場，生活文化のギャラリーとしていた歴史をふまえて，知恵をしぼる必要がある。

(2) 立体分離と平面分離

(a) 立体分離

人と車間の交通安全，交通事故対策として初期に発達したのが横断歩道橋や地下横断道である。車は真っ直ぐ走り，人が空中や地下の上下で対応するが，その階段の段数は多い。車いすなどの歩行困難者，乳母車，自転車などには併設スロープ，エレベータが欠かせない。また，歩道橋や設備の設置によって

図3・2 エレベータのついたペデストリアンデッキ

歩道の幅員の拡大が必要になる。歩道橋の大規模化，複数のものの合体がペデストリアンデッキとなる（図3・2）。交通結節点や分岐などの駅ターミナルに多く，上階が歩行空間，下階，路面がバスやタクシーなどの車用である。人工地盤的な構築物としては圧迫感があり，デッキ空間の下段部は，ややもすると日の差さない暗い感じがあり，地上部の管理・運営上の有効活用を見ても，歩車分離としての設計上の環境面での快適性はまだ得られていない。

(b) 平面分離

上下移動を避ければ，ほぼ同一面での歩車分離となる。道路整備条件の未熟な段階では，歩行者を車から完全分離するには，歩道を車が並行していても共用しない段差をつくり，車道より一段高くしておくことではじまっている。しかし，それだけの実質幅員がなくて段差をつけるとなると，狭くて不便な，ときには危険な歩道となる。また，横断歩道地点では，いわゆる，すり付け，切下げが行われる。歩行者横断が非常に多い交差点では，斜め横断も一体化してスクランブル交差点とする。

住宅団地やニュータウンでは住棟群の一定の広さの範囲には車の進入や車道の貫通をさせないで，周囲の要所に集約的に駐車場をおき，棟間の歩行ルートの安全性と生活環境としての快適性を確保することが考えられてきた。上下に分離しないで平面的に分離する知恵である。

(3) 歩行状態の種類と電動車いす，自転車などの問題

交通環境，外部環境での車と人の二分法を，さらに細かく見ると，歩行交通は，歩く人（素手の人，杖使用者），車いす（自走・介助，手動・電動），乳母車・ベビーバギー，高齢者の歩行補助の押車，ハンドル型電動車いす（電動スクーター）などがあり，歩行空間の占有などに違いがある。

また，自転車は車両扱いであるが，車道では事実上自転車側に危険性が大きく，自転車と歩行者を歩道側で区分する努力はなされているが，その幅員確保が困難なため，便宜的な処置で認められている歩道上を通ることが多い。自転車のメカニズムと歩行者の行動や

図3・3 中国昆明の歩道と併走する自転車道（並木の右側に本来の歩道がある）

注意力のずれのため，事故発生の危険性や歩行者に不安感をともないやすい。歩車共存のためのバリアフリー課題，交通安全対策は，歩行者，自転車，自動車の3者の問題として取り組まれなければならない（図3・3）。

これまでの道路など，バリアフリー対策の外部環境の整備不十分の実態を振り返り，中でも最も条件の悪い交通弱者といえる歩行者にとっての安全，アメニティとは何かを最優先に考えていく必要がある。

また，歩行者の中で，障害者，高齢者など，日常の状態でもハンディキャップのある人々の便宜を同時に考慮しなければならない。

3-2 モータリゼーションの成熟社会と歩行安全

(1) 歩車分離と道路構造

初期の歩車分離では相互に阻害しないため，歩道をプラットホーム型に立ち上げた。それができない場合，ガードレールで区分するか，路面の色や材料を変えるなどで対応した。プラットホーム型に立ち上げると，横断地点や宅地，建物前部では車両の出入りのため切り下げる必要が出てくる。頻繁な切り下げ箇所の連続はわずらわしいうえに，幅員の足りない歩道は平坦部不足が危険になることがある。モータリゼーション成熟期の道路整備の考え方としては，歩道は車道より少し高い（5cm）だけでよいし，車の進入を止めるための縁石（高さ15cm程度）を断続的に設置する（セミフラット方式）ことで，先述の多くの不具合が解決する（図3・4）。

現に多く存在する立ち上がり型（マウントアップ形式）では，車の出入りする区間の歩道幅全部を斜面にしないで水平面部分（幅1.5～2m）を確保する改良が必要である。歩道側に自転車通行路をとる場合，自転車同士がすれ違える専用幅（2m以上）をとり，しかも歩行者との利用区分がはっきりするように彩色や材質を変えるなど，標識を含めて道路計画をしなければならない。これは，建物敷地外部だけのことでなく，公共建築敷地内や団地，キャンパス内などでも同様でなければならない。

(2) 歩行者優先の道路構造

これまでの法令では車の交通需要に対応して，道路構造が考えられた傾向が強い。しかし今後は歩行者が生活行動上，基本的に必要な移動に対応できるように歩行ルートを想定

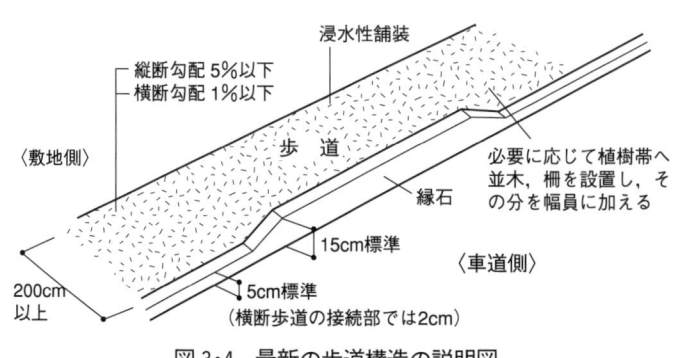

図3・4 最新の歩道構造の説明図

して計画することが大切である。そのためには安全で快適な歩道，車交通との交差，公共交通結節点（駅，停留所など）からの集散，駐車場からの出入りなどができるように，適切な交通施設づくりを目指して新たな物的構造をつくり出す必要がある。車両交通の都合に歩行者の移動を従属させるのではなく，また，道路を機械的に車と人との複合交通空間と見るのではなく，それぞれの交通特性，行動必要性に応じて一体化あるいは別構造とするか，計画段階において慎重な吟味を必要とする。車の都合で歩行者にしわ寄せがいかないように慎重に検討しなければならない。

車は移動機械であるから，そのパワーは人のそれをはるかに超えている。たとえば，車が容易に登れる斜路も人間には大きな負担になる。立ち上がり型歩道の横断部分では歩行者は車道で下がり，わたったところで今度は上がるという負担があるが，歩道と同じレベルの台地型の横断歩道を連続し，車がそれを乗り越えて交差点徐行するほうが人にやさしく無理がない（図3・5）。

また，交差点部分には信号待ちのため人溜りができるので，面的なふくらみをもたせる。歩道上の要所要所にベンチ，パーゴラ（四阿）など休息用街路設備があったほうがよい。

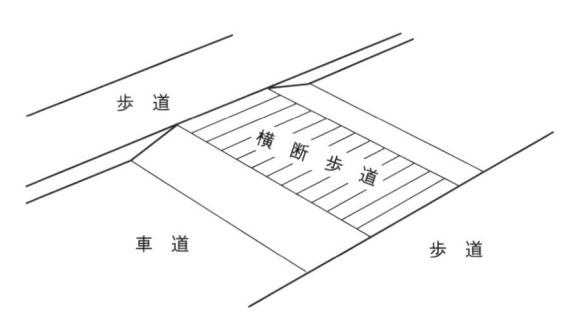

図3・5　台形の丘型横断歩道の構造図

(3) 歩車共存の道路形態

歩車相互の安全・快適のためには，長く分離の方向に努力がなされた。人も車も通行する必要があっても，狭い街路の既成市街地や道路用地の乏しい開発地区ではそれができない。都市間を結ぶ高速自動車道や都市内の幹線自動車道のように機能的に車の駆動を中心につくられたもの以外では，原則的に，歩道，車道の領域をゆずり合い，車は徐行し，双方が互いの動きに思いやりをもてる道路構造とするように見直されている。ここでは歩道と車道は一体化し，ほぼ同一面上での仕上げとなる。歴史的な道空間が多くの交通を同時に受け入れていたことを思い返せば当然の発想といえよう。これからはどのようにして交通機能と施設の融合化を図り，歩行者を安全・快適に環境に適応させていくか，その具体策をつくることにある。

3-3　歩車通路のデザイン

歩道，自転車，路上設備，自動車道については，それぞれの環境を秩序立てて計画する必要がある。道路は，一般に自動車の通行を主として考えていることが多いが，電柱は地中化したり，マンホールの必要な埋設物は共同溝へ，自動販売機や立て看板など広告物は，歩道から排除するか整理して歩行の支障にならないようにしたい。

商店街の歩道では，搬入のためのトラックや買い物のための自動車が駐車していることもある。また，歩道のない道路も多く，事故を防ぐには歩道の設置と歩車分離が必要である。

歩道が設置されていても，自転車を駐輪したり，自動車が横切ったり，自動車の出入口が設けられたり，歩道の路面が大きく波打ち凹凸となった場合もあり，車いすでの通行を困難にして乳母車にとっても危険になる（図3・6）。

① 一般の健常者が何も持たずに歩くときには，人の幅員は60cm程度であるが，荷物を抱えた場合や杖使用ではこれより広くなる。

歩道の有効幅員は車いすの幅が65cm程度であるが，両側に車いすの蛇行を含んだ安全余裕をみると1台の車いすが通行するために必要な幅員は120cmとなる。段差や凹凸を考慮すると135cmである。また，車いすと歩行者がすれ違うためには最低135cm以上必要である。

車いす同士や乳母車やワゴンがすれ違うときには最低165cmが必要で，歩道は屋外に設けられる廊下や通路よりも広めの余裕をみると180cmとなる。また，人通りの多い商店街や駅前ではそれに見合うだけの歩道幅員が必要になる。

② 車道と歩道の間の公共設備ゾーンでは，郵便ポストや電話ボックスをまとめて設置する。また，歩道と自転車路は縁石などで明確に区分する。歩道から横断歩道へは車いすが通行できるように段差をなくす必要がある。そのため，歩道の段差の切下げがよく行われる（図3・7）。

歩道が狭い場合には，切下げられた歩道部分の傾斜が急になりやすいので工夫を要する。そこで逆に車道部分を盛り上げる場合もある。

③ 障害がある人の通行により横断歩道をわたるとき，視覚障害のある人にとって，車

図3・6　歩道のバリアと歩道の自動車出口

図3・7　歩道の点字ブロックと段差の切下げ

図3・8 音響（声）式，光学式信号機と待機用の安全地帯

図3・9 建物玄関までのアプローチ例

道と歩道との境が明確でないと大変危険であることから，車道と区分するため点字ブロックなどを設置することが必要である。また聴覚障害のある人に対しては，交差点で音声などによる合図がないかぎり直進が困難であるので，横断歩道からもはずれてしまう。そこで，音響式信号機を使用し（図3・8）横断歩道の方向によって信号音を変える工夫が必要となる。

交通量が少ない横断歩道の信号機は，押しボタン式がよいが，押しボタン設置の高さや位置を考慮するとともに点字ブロックなどを設けて，その所在を知らせる。なお，横断歩道の幅を示すように境界線に安全鋲などを打つか，横断歩道の標示であるゼブラゾーンの縞目を盛り上げ，塗装しておくと足触りで判断できる。

道路幅員が広い場合は，歩行者などが短時間にわたりきれないことから，途中に待機用のプラットホームを設ける。なおプラットホームは段差のないようにする。

④　歩道と車道が交差する位置では，縁石も切り下げるが，車いすで昇降できるように段差は2cm以下としスムーズに昇降できるような形状にする。このとき視覚障害のある人には，杖や足の感触で歩道と車道が区分できるようにわずかな段差があるほうがよい。歩道のグレーチングの隙間は，車いすのキャスターの落ち込みを避けるために2cm以下とする。また，格子のバーは1.3cm幅以上としたい。

⑤　横断歩道の一時待機用のプラットホーム，バス停留位置などでは，要所には点字ブロックなどでその所在を示す。

歩道の路面は砂利敷など凹凸の多い仕上げは車いすでは通行できにくいことから平坦になるように舗装する。路面に横断勾配があると車いすは蛇行しやすい。道路から建物玄関までは，歩行者や車いす使用者が玄関まで安全にアプローチできるように，歩車分離とし平坦で段差なく，玄関の庇下にまで続くのが望ましい（図3・9）。

⑥　道路と敷地の境付近に設けられる門扉は，児童の飛び出しや自動車の衝突等の危険も多い。車いす使用者が停止して門扉を開閉するためのスペースを，道路から100cm以上離して確保する。門扉は内開きが望ましく開閉のために余裕をもたせる。なお門扉や玄関前には車いすを静止して回転や方向転換できるスペースを設ける（図3・10）。

⑦　アプローチと1階床の高さは，できるだけ同一高さとしてできるだけ段差をなくすほうがよい。もし段差が生じる場合は傾斜路とするが，傾斜路が長い場合には階段を併用する。傾斜路の勾配は1/12以下としできるだけ緩やかに上りやすくする。傾斜路の長さが9m以上の場合は途中で踊り場を設ける。

⑧　玄関周りの庇は，降雨時の施錠や雨具

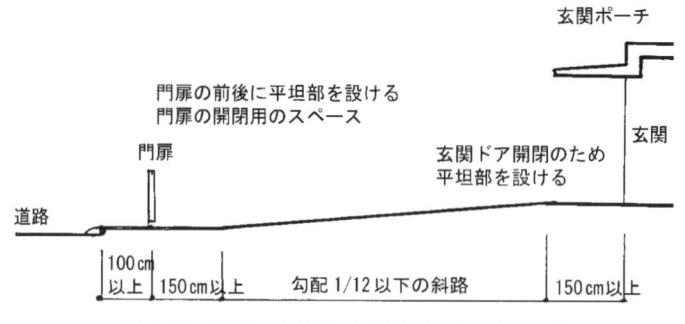

図 3・10　道路から建物玄関までのアプローチ

の片づけなどで濡れないように，十分な広さを必要とする。アプローチの傾斜路や階段部にも庇があるとよい。アプローチ部の材料は凹凸が大きいと，車いすのキャスターや杖が路面の目地などに引っかかって落ち込むなど危険である。階段部分では視覚障害の人が空踏みや転倒しないように，始点と終点には点字ブロックを敷設するか材質を変えて位置を知らせる。

⑨　不特定多数の利用者が訪れる公共施設等の建物には，誘導装置としてアプローチの歩道に点字ブロックを設ける。玄関の位置を知らせるために誘導鈴などを取り付ける場合もある。

誘導路や傾斜路および階段には適宜手すりを設け，障害者の身体を支え誘導の手掛かりとする。手すりは安全で握りやすい大きさや形状とする。

3-4　団地計画，地域計画と歩車共存の空間形成

近代の都市計画，団地計画において生活空間としての安全と快適性を実現するために考え出された具体的な技術や手法がある。

(1)　ラドバーンシステム

住宅団地の住宅群にある付帯道路に，車が縦横に入り込み通過すると，車にとっては一見便利なようだが，歩行生活者の安全・安心，そして快適な生活を阻害する。その対策として，外周道路から袋小路（クルドザック）型で入り込み，各住宅にアクセスするが通過しないようにし，モータープールで分離する。そして，住宅群の背後に遊歩道網を整備して，歩行者，乳母車，車いすなどが自由に移動できるようにした。平面的に歩車分離

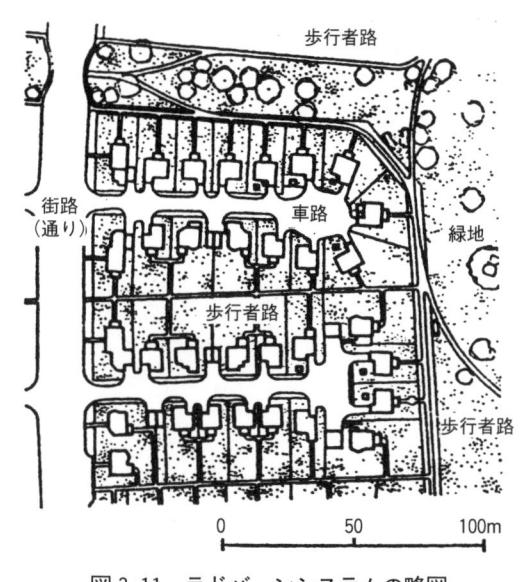

図 3・11　ラドバーンシステムの略図
（住宅地の歩行者路・自動車路の平面分離：クルドザック）

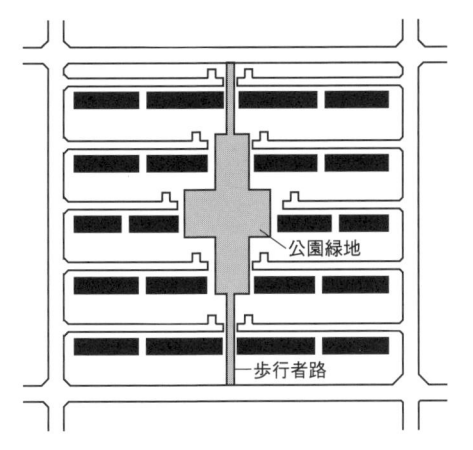

図 3・12　車の通過しないアクセス方式の例
（日本の中層団地）

する知恵が自動車の量産国アメリカで1920年代に適用された。その発祥団地名でラドバーンシステムとよばれる。日本の中層住宅団地の並列配置の中で、通過だけは避ける折返し方式が多く取り入れられたが、車の出入りに近い各棟の階段室の入口周りが、幼児の遊び空間になることなどから、分離方式の矛盾は解決できていない（図3・11，図3・12）。

(2) 緑道システム

ニュータウンや規模の大きな住宅団地において、歩行者などと自動車交通を明確に分離して、安全と快適性を確保する方法として「緑道」がある。もともと緑陰道（モール）のイメージから発想されたもので、自動車交通網とは環境緑化の中で立体的に分離する形で、最寄りの近隣センターや鉄道駅を結んだものである。大阪南部の泉北ニュータウンで

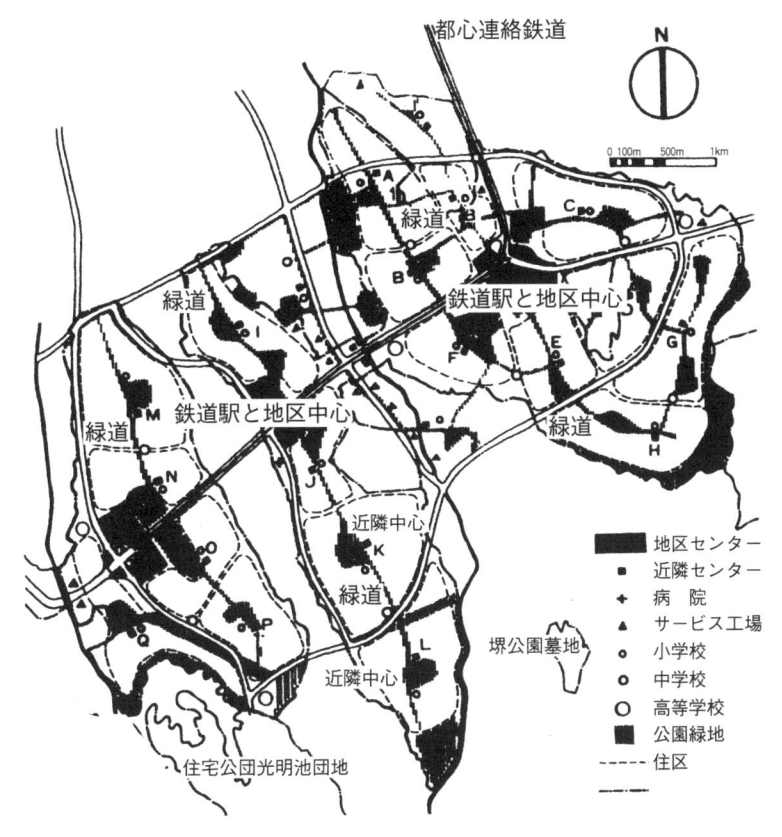

図 3・13　ニュータウンの緑道システム
（大阪・泉北ニュータウン）

最初に盛り込まれ，横浜の港北ニュータウンなどで実践されている。それまでのニュータウンや大規模住宅団地が，既存の山林をブルドーザーなどの機材を用いて開発し，新たに造成し直して緑地や街路樹を植栽するという矛盾の反省として，既存の緑被，樹林を新しい住宅地環境として生かそうとする考え方から生まれてきた。「緑道」は愛称なので，地区によって，カラー舗装の色から「赤道(あかみち)」とよばれたり，他の名称をもつものもある。歩行生活行動のルートをネットワークとして整備する考え方は，新規の大規模住宅団地のみでなく，既成市街地でも新しいまちづくりや建築協定の源泉になっているものである（図3・13）。

（3） ボン・エルフ（コミュニティ道路）

歩行者と自動車交通を安全対策のために分離する必然性はあるが，現実には既成市街地はすでに建て込んでおり，道路の指定も既成事実となっている。それに沿接する住宅や店舗・事業所にとって，土地収用（立退き）などによる拡幅整備は，膨大な出費と土地所有にかかわる権利関係の調整をともない，きわめて困難な状況になってきている。

そこで生み出された技術がオランダを発祥とする「ボン・エルフ」である（図3・14）。ヨーロッパの古くからの町並みは石やレンガである。その幅員で馬車などは通行できたが，自動車交通には対応できない。両側が量感のある石造の固い建造物なので，道路幅員の変更は原則的にはできない。それならば，同一平面で舗装や植樹，ストリートファニチャーを工夫して，自動車は徐行し，歩行者は店舗などからの搬出・搬入の駐停車を認める

図3・14 歩行者共存のコミュニティ道路
(東京都東村山市富士見コミュニティ道路，「歩者共存道路の理念と実践」鹿島出版会より)

というところから，歩車共存の必然性を認めることとした。

車は普通歩行者には危険な速度で走るので，運転者の心構えのみに頼るのでなく，物理的にそれを阻む形が考案されている。たとえば，その道路区間への入口を多少狭めたり（ネック），長い区間同じ状態が続かないように，車の移動面を蛇行させたり（スラローム），セットバックさせたり（クランク），ついスピードが出過ぎないため路面にかまぼこ型の突起をつくる（ハンプ），などの措置が講ぜられている。そのほかに路面の舗装の材質や色分け，時間や曜日などの制限による可動式のストリートファニチャー設置なども役立っている。

日本では一般にこれらを「コミュニティ道路」と称している。商店街の歩車分離策として，中心市街地の近代化活性化事業に導入している例もある。

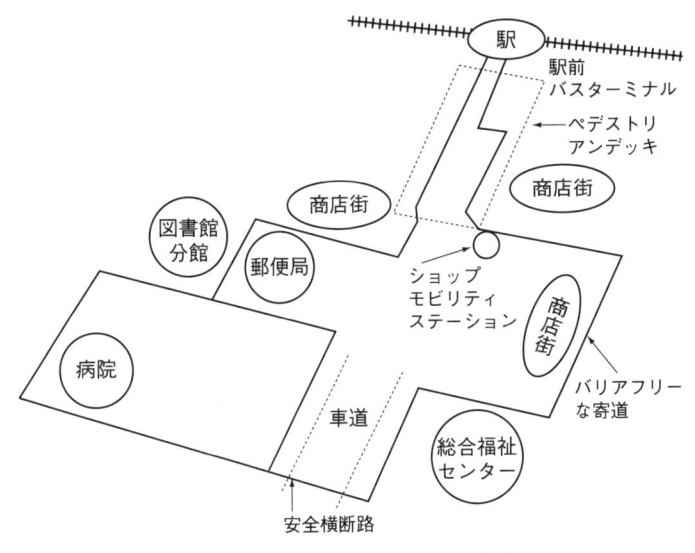

図 3・15 歩行空間ネットワーク化

(4) ペデストリアンデッキ

地方中核の都市の駅前などで，初歩的な発想から生まれる立体歩道橋が複数あって，しかも連絡する方向がいくつかに及ぶ場合，全体を空中デッキとして一体化した構造物をペデストリアンデッキという。新しい駅前開発では当初からペデストリアンデッキで下階，つまり路面が車中心のレベル，上階が歩行者のフロアという方式が一般的である。しかし，下階にとっても歩行者にも直接関係がないうえに，日陰空間になっている例が多い。地上空間とオープンカットなどで外気と太陽光の差し込む装置がほしい。デッキ上であっても，直射や雨ざらしの床面では快適でない。日射の遮蔽装置や緑化などの環境対策が必要である。また地上も単なる人の動線に合わせた空きスペースではなく，憩いや語らいの持てるコミュニティ空間としての有効利用が図られるべきである。

(5) 歩行空間ネットワーク化

これまでに述べた，歩車分離技術やエレベータ，エスカレータ設備の利便性はよいとして，これらが一部に整備されているだけでなく，ネットワーク化されている必要がある（図 3・15）。交通結節点（ノード）から日常生活圏施設，ショッピング施設，医療病院施設，高齢者福祉施設，学校教育施設，行政施設など，日常頻繁に利用される歩行ルートが途中に不都合なく経路として整備されていくことが，当面の計画課題である。

(6) 安全歩行ルート確保のための表示

視覚障害の人のために床面・地面で安全歩行ルートなどを示す点字ブロック（敷石タイプ），点字タイル（貼付けタイプ），点字鋲（金属締付け）は，30 cm 角の中に 5×5 や 6×6 の点の並びで示して注意を喚起するものと，筋状の突起の並びで誘導方向を示す 2

図3・16 点字ブロック（タイル）の気になる敷設例
(左・中央写真は誘導用表示としてたどると問題のある例，右写真は危険表示線と重ねた改善あと)

つのものが主体であり，すでに広く普及している。その製品の変種も数多い。

しかし，その敷設には問題があり，むしろ危険へ誘導するような問題例もあるので注意を要する（図3・16）。不適切な敷設の例に，点字タイル（ブロック）がプラットホームの危険領域の境界線と兼ねるものがある。これは視覚障害の人をより列車に近づけることになる。本来，危険領域境界線と誘導用点字の帯とは別々のものである。

したがって，点字誘導表示は自転車や物品で遮断してはならないし，基本的にはその上での立ち話も避ける必要がある。弱視の人が視認できるように黄色が主流であるが，違和感のある場合，明るさの対比（彩度，明度）を考えた床材と類似色にすることもある。

3-5　ショップモビリティとタウンモビリティ

歩行空間の利便性と安全性を一定の領域に適用しようというのがショップモビリティとタウンモビリティである。

(1) ショップモビリティ

ショップモビリティは地域のショッピングセンターなど，一定の広がりがある施設内で高齢者，障害者，妊婦など，歩行や買い物行動にハンディキャップを抱えている人々に，電動スクーター（ハンドルつき電動車いすともいう）を貸し出し，その行動を助けるシステムである。外部からショップモビリティ・ステーション（詰め所）へ来て，そこで電動スクーターに乗り換えショッピングを済ませて，ステーションに戻る。外部からステーションまでの公共交通手段や家族などの送り迎えを含む事前の交通手段とうまくリンクすることで，モビリティが格段に向上することを

図3・17　ショップモビリティのロゴの1例
（イギリス，キングストン地区：1988年より実施）

目指している（図3・17）。

(2) タウンモビリティ

ショップモビリティが一定の施設内を対象にするのに比べて，タウンモビリティは一定範囲の街区などの広がりの中でのモビリティ獲得を目指している。日本で試みられている

アーケード商店街のモビリティの確保はこれに当たる。行動主体のモビリティ対策というだけにとどまらず，中心市街地活性化の目的も同時に満たしている。

3-6 トランジットモール

都心部に車が錯綜して，渋滞と危険が増大した今日，それによって失われてきた中心市街地の活気と都市力の回復を目指して考えられているのがトランジットモールである。バスや鉄道などの公共交通機関，中でも有力なのが旧来と違って低床で軽快な新型の路面電車（LRT：ライト・レール・トランジット）を活用するものである。これらが乗り入れる中心市街地に，歩行者（自転車，車いすなどを含む）優先の領域を設定して，両者間の移行・連携をスムーズにすることで，まちの賑わいを再現しながら，車の進入を規制していこうというシステムである。ヨーロッパやアメリカでは事例も多いが，日本ではモノレールなどの新交通システム，路面電車の一部復活などを契機に各地で試行されており，取り

図3・18 福岡県久留米市のタウンモビリティ例
（電動スクーター，車いす以外にも，ベビーカー，買い物カートなどを無料で貸し出すタウンモビリティ・ステーションは商店街の中にあり，イベント広場と一体で，FMローカルスタジオ，市民ギャラリーもある）

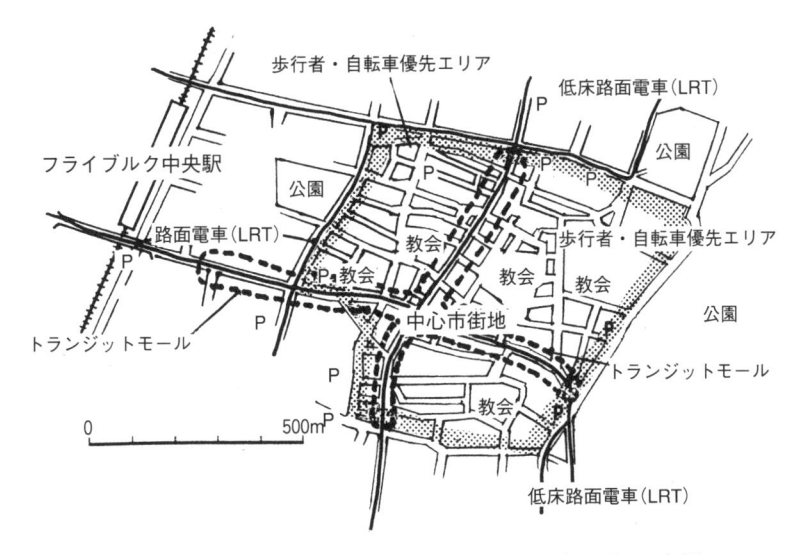

図3・19 トランジットモール（ドイツ・フライブルク）の事例

3-7 交通システムのユニバーサル化

外部環境や公共施設の利便や機能を享受できるためには，人や車いすの移動をユニバーサル化する，つまり，できるかぎり多くの人々に利用可能なような交通システムのあり方を考える必要がある。これまでに考え出され，実行されている方式について概観する。

(1) S.T.S.（スペシャル・トランスポート・サービス）

高齢者や障害のある人などに，一般の交通手段に一工夫を加えた方法が考え出されている。これをスペシャル・トランスポート・サービスという。利用者の居住場所に直接アクセスして目的のところに運んで行くタイプと，一般の交通路線の動きを少し工夫して利用しやすくしたタイプがある。ドア・ツー・ドア型と定時・定路線型のサービスである。

(a) ドア・ツー・ドア型

利用者が電話等で事前に予約して，家から目的地まで運んでもらうサービスである。自治体，ボランティア団体，民間の運営によるものがあるが車両もバリアフリー使用であることが多い。利用者にとっては最も自家用車なみの便利さはあるが，コストがかかり，補

表3・1 S.T.S.（スペシャル・トランスポート・サービス）の両方式の内容と事例

方　式	ドア・ツー・ドア型サービス	定時・定路線型サービス
移動の範囲と方法	利用者の家から目的場所まで，直結して移送する個別サービス 電話などで事前の予約を必要とする	一般の公共交通機関で，住宅地と公共施設，ショッピング街などを結んでいる生活利便上有効な固定の運行ルートで，利用者の便を図るサービス，ニーズを勘案して，一部，ルートを変更するものもある バス停など所定の乗降場へ行って利用する
サービス上の配慮	・一般の交通機関利用困難な人に一定の条件で，公共的な補助で利用者の負担軽減あり ・付帯サービスとして，介護サービスを提供することもある	一般の人と同じに乗り合わせるが，障害のある人などには無料や負担軽減とする
車両の特性	バリアフリー仕様の車両を使用したり，リフトやスロープを装備するなどがある	低床バス，ノンステップバスなどバリアフリー仕様の車両を使用する
運行システムの事例	・ダイアル・ア・ライド（イギリス） ・スペシャル・トランスポート・サービス（スウェーデン） ・オプティバス（フランス） ・メトロアクセス（アメリカ） ・テレバス（ドイツ） ・ホイール・トランス（カナダ） ・ハンディキャブ（日本） ・福祉タクシー（日本）	・モビリティ・バス（イギリス） ・ステーションリンク・バス（イギリス） ・サービス・ルート（スウェーデン） ・コミュニティバス（イギリス） ・コミュニティバス（日本・各地） ・ムーバス（日本・武蔵野市）
運行・運営主体	公社，身障者交通協会，市町村（コミューン），ボランティア，一般運行会社	公社，市町村（コミューン），ボランティア
備　考	利用者にとって最も利便性があるが，コストを個人とどの部門が負担できるかが課題	一般の運行会社の車両もバリアフリー度が向上して，このサービスに近づいている

（運輸政策研究機構「STSに関する調査研究（平成11年2月）」より抜粋・作成）

助金などの支援条件が必要である。ヨーロッパ，アメリカで先行しているが，日本でも認可されており，徐々に充実していくものと思われる。

(b) 定時・定路線型

ルートが固定している一般の公共交通機関で，多くの人が利用しやすいルートや時間帯を設定し，要望にあわせてルート変更もあるなどの配慮と，バリアフリー仕様の車両を使うなど，便宜を図ったものである。イギリス，スウェーデンなどで発達している。

(2) オムニバスタウン

交通渋滞，大気汚染，自動車事故といった都市部が抱えるデメリットを解決すると同時に，すべての人が利用しやすいようなバス交通を極力活用しようとする地域システムである。国土交通省，警察庁が連携して推進している方式である。自治体などが主体にきめ細かい運行を実現するコミュニティバスの導入やバスを有効に利用するいろいろな施策を組み合わせている。バスロケーションシステム，ノンステップバスの導入，ハイグレードバス停の整備，バスと歩行・自転車，自家用車など他の移動手段からバスへの移乗をスムーズにするバスライド整備，などがある。

東京都武蔵野市が取り組んだ「ムーバス」というコミュニティバスシステムは，距離的に無理なくバスを利用できるルート整備である。過去に利用者ニーズを受け付けながら運行する各種システムを「デマンドバス」とよんだことがあるが，その趣旨をよく表す名称であった。

(3) パーク・アンド・ライド

中心市街地の快適性，利便性，歩行安全性の低下を防ぐ別の方法に，自家用車を周辺部の交通結節点（電車・地下鉄の駅，バス路線集散地点）で留まらせるように駐車場などを整備し，移乗を促す方法である。

3-8 交通施設のバリアフリー

高齢者や障害のある人の外出や外部環境への進出を促す条件として，列車，バス，船舶，航空機などの交通機関そのものとその駅舎，ターミナルビルなどの交通施設との両方のバリアフリー化がある。一定の条件において，交通バリアフリー法（高齢者，身体障害者等の公共交通機関を利用した移動の円滑化の促進に関する法律）がかかわるものである。

(1) 交通施設バリアフリー化の取組み

(a) ターミナルのバリアフリー

駅舎構内に入っていくところには，風雨などを避ける深い庇の設置が必要である。また券売機，改札，トイレ方向など駅舎必須の施設の位置がわかりやすくなっていることが大切である。車いすが通れる幅員の改札が少なくとも1箇所はあること，また自動改札でも係員がサポートできる体制をとる必要がある。橋上駅舎などが多く，ホームまで車いすや歩行困難な高齢者，杖使用者，妊婦などが無理なくたどり着けるように，エスカレー

図 3・20　連動ドアつき乗降ホームの例
（京都市営地下鉄）

タ，エレベータの設置が必要である。階段は，子ども，高齢者と成人一般が共用することを考え，やや緩やかで，手すりも2段が必要である。

　列車の着発状況の情報を音声，光，文字など多重的な方法で示す。プラットホームは機械である列車と人間の接点であるから，最も危険性のある場所である。駅構内では，分柵，連動ドアつき腰壁，ホームの連動ドアつき室内化（図3・20），自動ドアつき待合室の設置など，安全分離のためのより高度な施設整備が進んでいる。ホーム床は滑り止め効果のある材料を用い，列車床と同レベルで隙間が生じないようにしなければならない。

(b)　空港ビル・港湾施設のバリアフリー

　空港ビル，港湾施設のバリアフリーは鉄道ターミナルのバリアフリーに準じて考える必要がある。関西国際空港，中部国際空港，神戸国際空港など，新規の空港施設にはサイン計画をはじめ，色彩計画，照明計画，音響ガイドなど，トイレから搭乗口アプローチまで，さまざまなユニバーサルデザインが採用されている。

(c)　バスストップのバリアフリー

　バス停は最も身近なバスへの移乗施設である。小さな施設であるがそのあり方には，格段の差が見られる。歩道もない路端に，バス停標識柱が立っているだけという事例はなくすべきである。

　日除け・雨除け・風除け機能，腰掛け，時刻表，接近確認のしやすさ（無線点滅表示を含む），バス停名の他，全体デザインにも配慮した潤いも必要である。

　バス停は他の自動車交通の妨げにならないよう，歩道側に切り込みを設ける例が多かった。そこで，歩道をさらに狭めて，歩行側にしわ寄せをきたしている。そのため，逆に車道側に路肩部分を含めて張出しを設ける（幅員2m延長15m程度）テラス型バス停が設置されることがある。このほうがバス停周りの人溜り，歩道側の通過者，車道側での公共交通優先という点を考えると，自然な面もある。バリアフリーや交通システム技術などに関し，固定観念から脱却した逆転の発想の効果的な例といえよう。

(2)　交通機関のバリアフリー化対応

バスのバリアフリー化

　バスの床が地面から高いことによるバリアの解消は，バス停床レベルとバス床レベルを

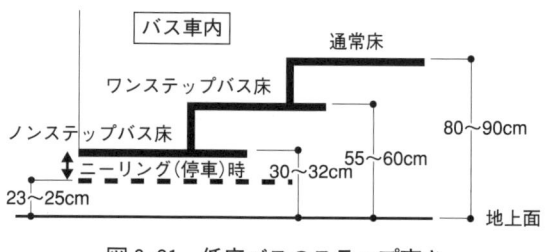

図 3・21　低床バスのステップ高さ

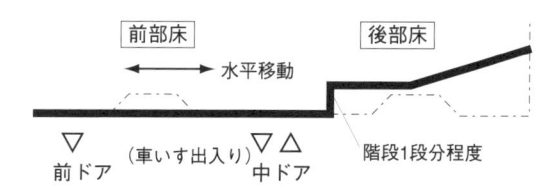

図 3・22　低床バスの縦断面の模式図

図 3・23　低床バスの昇降口ドア周り

極力近づけて，車いすや身体障害者がスムーズに乗り込めることである。もともとバスのステップは第1段が約30 cm，さらに2段上がって，地面から計90 cmくらいの高さだった。それを低くするのに，上2段をなくしたのがノンステップバス，1段だけに減らしたものをワンステップバスという。停車時に空気バネを調節して全体を25 cm程度まで下げることができる場合もあるが，これをニーリングという。一般に近距離路線バスは中ドアワンマンなので，中ドアから前を低床式にして後部座席には斜路か階段で上がって座る形をとっている（図3・22）。車いすが降りるのも中ドアということになる。車いす固定場所を座席を折り込んでつくる。優先席も中ドア付近に設ける。

ほかに，リフトつきにしたもの，スロープを引き出すようになっているものなど，乗降を前提にしたバリアフリー型への改良・発達は著しい。

参考文献・出典
1) 国土交通省「道路構造令」2003年7月改正
2) 日笠端著「都市計画」共立出版，1977
3) 樽木武著「ユニバーサルデザインのまちづくり」森北出版，2004

第4章
住居福祉と住宅のデザイン

4-1 福祉空間としての意義と機能

われわれの生活空間の基本は住宅にある。使い勝手がよく，快適で，安全で，健康によいことが建築的に見たときの住宅の必要機能とされている。ここでさらに，福祉空間デザインという視点から，住宅の機能を見直してみると，図4・1のようにシェルター機能，家族共生機能，次世代成育機能，生理・衛生機能，渉外・コミュニケーション機能として見る必要がある。

(1) シェルター機能

雨風をしのぐとともに寒暑や日照を調節し，危害を及ぼす外敵から身を守るために包み込んでくれる，そのような架構や空間であることが，原初的な意味で住宅の機能として理解することはやさしい。端的にいえばこれもシェルター機能である。

しかし，現代的な意味では，さらに，他人からの視線や視野をコントロールしてプライバシーを確保することで心理的な安心感がえられること，内部空間に自分独自のぬくもりのある世界を家具・装置，インテリアデザインなどで創り出していくこともシェルター機能といえる。室内に居住して，地震や火災などの被害を極力少なくするために空間性能をもつよう努力することも，住宅のシェルター機能として拡張して解釈することができる。

われわれを包み込み，安全で安心とともに，人としての温かい気持ちを持てる環境空間づくりという面がシェルター機能といえる。

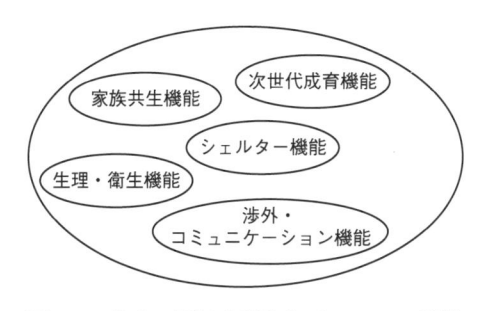

図4・1 住宅の福祉空間としての5つの機能

(2) 家族の共生機能

現代の住宅には単身から大家族まで，いろいろな居住の規模や形態がある。しかし，これは人数を受容できる大きさで測られるのではなく，小さな社会としての家族が，相互の生活を組み合わせながら日々過ごせる空間で

あるかどうかが大事である。複数の年齢・性別の違った同居人の入れものになってしまいやすい住宅ならば，いわゆる，家族・世代の断絶の場所ということになる。

少子高齢化時代となって，家族の人数や規模が小さくなっている現在，住宅の空間は家族共生機能として，LDKの組合せや，個室数などでも十分に説明しにくく，異なった設計原理が加えられてもよい。

(3) 次世代成育機能

徹底した社会主義や往年のイスラエルのキブツ[1]にあったような，育児の集団化ということでもないかぎり，誕生から自立までの限られた期間に，驚くような変り方で成育していく次世代をサポートする空間機能を住宅は持っている。目の離せない乳児期，屋内遊びの活発な幼児期，外遊びに多くの時間を費やすことが期待される少年期（実際には学習時間の制約を受けることが多いが），心の不安定に悩む思春期，現代の住宅空間は必ずしもそれぞれに対応できるようにはなっていない。子ども部屋のあることがその決定打ということでもなかった。近代的な住宅計画の理論は，このような国民文化を含めた次世代成育機能をプロトタイプ（よりどころになるモデル型）として構築してきたとはいいがたい。

外国人から見て，日本の生活文化の個性は意外に高く評価されている。しかし，その源泉ともいえる伝統的な住宅デザイン（家屋意匠）の風格，音楽や茶道，書や美術，庭園鑑賞といった芸術修練が居住する住宅でできることは，その典型といえる。少なくとも，保育機能，自立過程支援の機能，文化・芸術修得機能まで，広い意味で，住宅の次世代成育機能として見る必要がある。

(4) 生理・衛生機能

わが国でも，現在の開発途上国などの住居生活に見られるように，かつては排泄，水浴など生理・衛生的機能は住居の外部にあった。日本の住居の歴史において，ものの洗い場について見ても，川や泉の自然の場所から共同の水場などになり，家屋外部の外流しになり，屋内の土間の立ち流し，床上の流し台・キッチンセットというように，外部から徐々に家屋に接続し，やがて中心部に取り込まれる過程をたどっている。トイレについてもほぼ同様である。井戸，上下水道システムの発達，薪から，石炭，石油・ガス，電気，ソーラーエネルギーというようなエネルギー革新の過程が住宅の姿を変えてきた。給水・給湯設備，換気・暖冷房設備，照明設備などの発達も目覚しい。しかしながら，人間の生活空間であるかぎり，住宅には生理・衛生的なシステムが不可欠である。しかも，そのニーズは素朴な内容である。近年，これらの高性能化，エネルギーの過剰消費にはブレーキがかかり，天然資源活用から自然代替エネルギー，バイオシステム，省エネルギー技術をできるだけ利用する方向，いいかえれば過去の原理から新しい循環型社会へと向かう段階にあるといえる。

(5) 渉外・コミュニケーション機能

動物の巣穴が人間にとっての住居の原初的な形態か，あるいは最小限機能としての見方

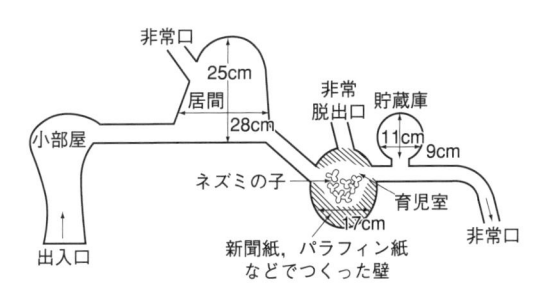

図 4・2 ネズミの巣のモデル図
（岡田光正，他著「住宅の計画学入門」鹿島出版会より）

がある。しかし，文化人類学者や動物学者の知見によれば，対外的な面では大きく異なるという。動物の巣には，身内以外を受け入れる空間やその機能が認められないという（図4・2）。外部の者は，原則的に敵か侵入者であり，撃退するか，それがだめなら脱出する。そのために脱出口が複数あるという。つまり，人間は他の動物と違って，自分の居住空間に他人を迎え入れる，つまり接客をする唯一の動物ではないかというのである[2]。したがって，人間的な住居というからには，この機能を適切に空間化する必要がある。

それは応接室や来客を受け入れるリビング空間というような内部空間に限られない。かつての日本農家に見られたような土間空間，家屋前の土庇（いまのピロティ）や濡れ縁（いまのテラスやウッドデッキ）など多様な室礼の部分なのである。

コンピュータ時代のパソコンのワークステーションに近いような装備や空間も，オンラインのコミュニケーション空間ということができよう。

4-2　住宅の空間内外移動のバリアフリー

(1)　道路から敷地へ

住宅のバリアフリーは，敷地の外部との出入りから，内部空間のバリアフリーまで一連の概念として考えられる。数十年にわたり宅地細分化の傾向の続く中で，意外にも敷地に対する家屋の配置，内外移動への配慮に欠ける住宅が多く出現している。道路から一段高くなった敷地の住宅をモデルに，内外連続した生活空間としてのバリアフリー原理を確認する（図4・3）。

宅地前の道路は，都市計画的には細街路と

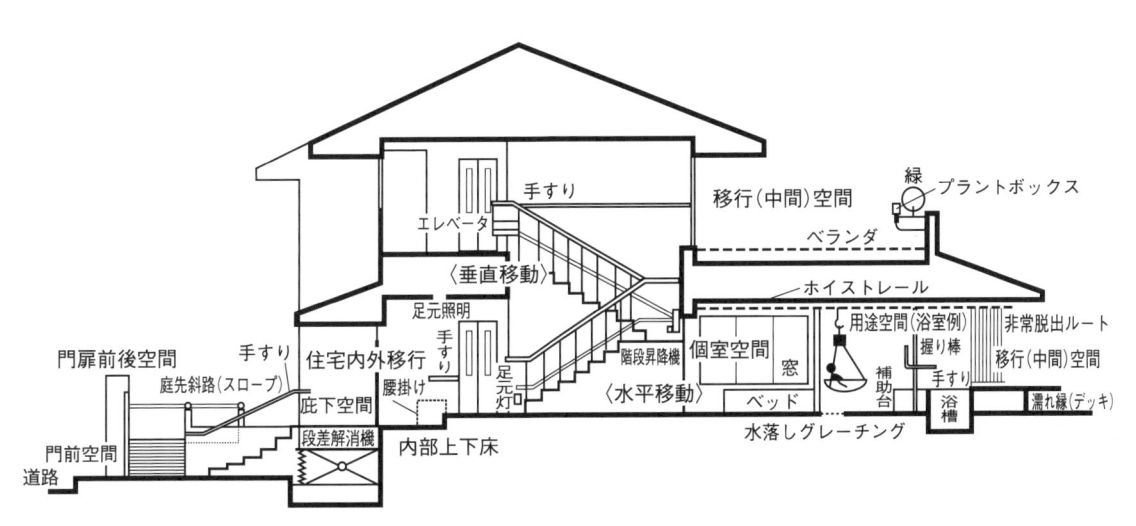

図 4・3　住宅内外のバリアフリー断面モデル

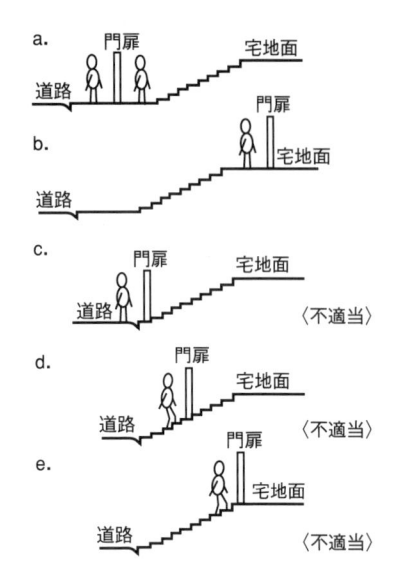

図4・4 道路に面した階段と門扉との関係図

坦部分が同じ程度にあって，ポーチ部分にアクセスすることができる形が必要である。門扉が階段の途中にあるのは論外であるが，下の平坦部でも上の平坦部にあっても，いずれの場合も門扉の前後に1～1.5m程度の平坦部分がとられなければならない（図4・4）。

(2) 敷地から玄関へ

階段は敷地の高さでその段数と長さがきまるが，直線的にとれない敷地が多いので，屈曲型や左右折り返し型にしたり，家屋のポーチ部分を入り込ませる（リセスト）設計もありうる。外部階段に設置できる階段昇降機も開発されている。

車いす使用のためには，斜路を左右折り返し型で設置するか，多くの場合沿接してとれる地面レベルの車庫・カーポートの奥に段差解消機（オープンリフト）を設置することもできる（図4・5）。

玄関前スペースであるポーチには，床，庇

いう分類の6m程度の歩車分離のないものが多い。道路側は自動車の通行があり，荷物を持った状態で，立ち止まって門扉を開け閉めするには安心できない場所である。したがって，まず，宅地側に踏み込んで落ち着ける1～1.5m程度の平坦部分がとられ，そこから階段や斜路で上がる。上がり切ってまた平

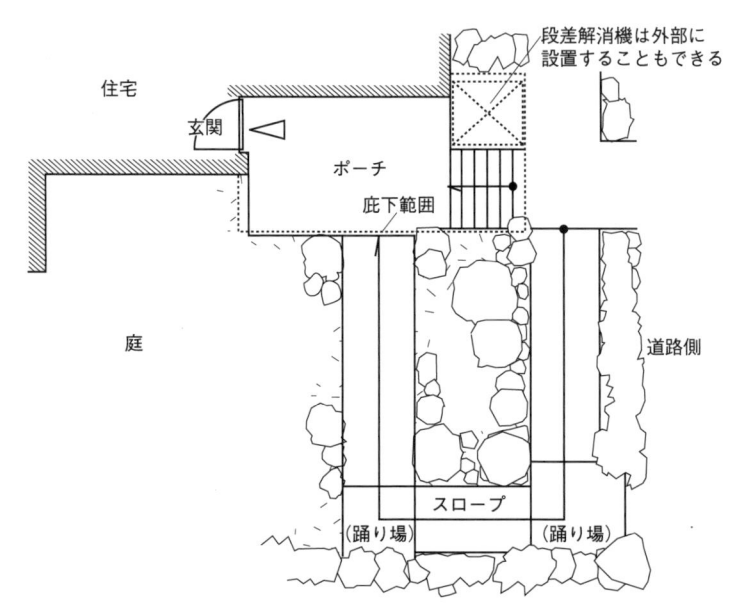

図4・5 玄関前スペースの階段・斜路・段差解消機の配置例

ともに十分な面積が必要である。奥行きも 1.2～1.5 m はほしいが，大きければ大きいほどよいし，ピロティや土庇型で柱があってもよい。雨の日に傘をさし，荷物を持って鍵を開けるという動作・行為を考えればおのずと出てくる設計上の解答である。

(3) 下床から上床へ

かつては格式の象徴でもあった玄関土間は，下床から上床までの高さが 60 cm から 1 m くらいまであった。建築基準法でいう木造床では 45 cm の地盤面からの高低差がある。外から玄関土間までに 10～30 cm は順次上がってきているが，残りの 15～35 cm を上がり框まで上がることになる。15 cm では通常の階段 1 段分であるが，30 cm かそれ以上の場合，中間に踏み段か踏み台を補う必要がある。また，下肢機能が弱い人には手すりがあるときわめて有効である。上がり框に接して土間にベンチがあると履物の着脱のためによい。玄関土間内に段差解消機を設置することもできる。

車いすなどで水平に出入りするには，玄関土間までに上床レベルまでの高さを稼いでおく必要がある。また，内外用車いすの移乗や車いす清拭のためには，その分，玄関内に中間的なスペースのためを平面的に加えてとる必要がある。

移行動作の場所なので，足元を明るくする照明が欠かせない。真上からの場合，自分の影が足元を暗くするので，照明器具の位置と光の方向に注意する。

(4) 平面床移動

廊下については，洋室との間のドアレールを掘り込み式にできるので，洋室を含めて一般に同じ平面で連続できる。問題は和室との移行部と水周り空間との移行部である。和室へは敷居を同一平面にできる技術を適用する。バス・トイレなど水のかかる空間への出入りには，水落しのグレーチングで同一平面にすることができる。洗い場への出入りには開きドアでなく，引戸がよいが，引き込むスペースがないとき，折りたたみ戸が適用される。

介助で移動するためには，天井埋め込みのホイストレールによるか，移動式・走行式ホイストがある。

(5) 階間移動（垂直移動）

平家住宅が一般的でなくなり，独立住宅でも 3 階建てが珍しくなくなっているので，階間移動のバリアフリーは重要である。住宅では階段寸法が平面計画で圧縮される傾向があり，蹴上げ，踏面寸法が厳しくなるため，転落防止の手すりは不可欠である。また，その始まり終わりの足元照明には常夜灯（またはセンサースイッチ）が必要である。

高齢者居室は 1 階にあり，日常生活に必要な諸室が同一階にあればよいという設計法が見られるが，高齢者でも階にかかわらず，家族の他の部屋や階上ベランダなどに行くなどは自然なことといえる。また，3 階建てになるのは各階面積の制約によるもので，リビングやダイニング階（主要階）と高齢者室が違う階にあることにもなりやすく，階間移動の

44　第4章　住居福祉と住宅のデザイン

図4・6　サニタリー周りの配置例

(a) 名古屋市営住宅の例
（トイレ，バスを区分するのは一体化のディメリットについて再考する必要もある）

(b) 大阪府営住宅の例
（トイレ・洗面洗濯のワンルームはホイストによる移動に有利な場合あり）

バリアフリー化は軽視できない。

仕様も価格も身近になっているホームエレベータの活用は有効である。後から設置するためは，あらかじめ玄関ホール，階段室，上下階廊下などの沿接位置に収納などの予備的な空間や，それらの外部側での余地が見込まれている必要がある。

階段昇降機も階段の形のいろいろな方式に対応できる仕様が発達している。

(6)　サニタリー空間

車いす使用や介護者空間を見込んだ住宅では，サニタリー空間として，オープンプラン，ワンルーム型が考えられる。ヨーロッパ式とは異なり，日本ではトイレだけは分離する方式が受け入れられやすい。清潔感，特に臭気への懸念，それにトイレ床が水洗いするウェット式より拭き掃除のドライ方式に代わってきたことなどがその要因である。

要介護者の寝室とサニタリー空間を連接させ，天井レール走行のホイストや床走行ホイストで浴槽まで搬送することも工夫されている（図4・6）。

(7)　避難の配慮

高齢者や障害のある人の寝室は，いわゆる避難階（外部へ直接出られる階）に設ける必要がある。濡れ縁，植込みといった緩衝物があるうえに，窓は腰型でなくいわゆる床まであいた型でなければならない。

4-3　室内生活空間のバリアフリー

室空間はそこでの行為により，台所や調理場での調理，トイレでの排泄，浴室での入浴やシャワー，食事スペース，就寝や休息のための居室などに区分できる。

図4・7　キッチンのレイアウト

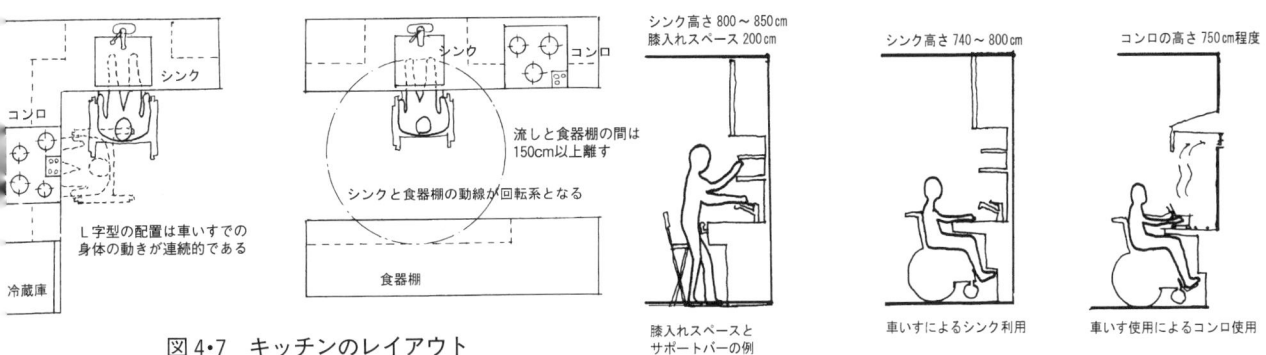

図4・8　車いす使用時の各部の高さ

(1) キッチン

キッチン（台所や厨房）では機器の更新や電化が著しい。障害者は複雑な機器を使いこなすことが困難であったり、誤用したりすることがあり危険も多い。また火気使用や高温となる調理機器も多く、火災などには十分に注意しなければならない（図4・7）。

① **車いすでは横への移動が困難である。** 車いす使用者は健常者と違って作業面の高さが低い。健常者にも障害者にも便利な台所を考えるのは難しい。調理台や流しなどでは、作業が水平方向に併置される一列型配置では移動しにくい。そのため、厨房はU型に配列するかL型がよい。この型では車いすの角度を変えての作業のために動き回れるスペースが必要である。また、一列型の場合は車いすをジグザグに移動させるスペースを設ける。

② **調理動作への工夫として、** 杖歩行や歩行困難者の場合は、二列型やU字型として、両方のカウンターを利用して身体を支えられることが望ましい。杖を離すと身体が不安定となるため、一方に手すりなどを取り付け固定すると便利である。また、いすに座ったまま調理できるような工夫も望まれる。

車いす使用者は、車いすに座ったまま作業するため、調理台（カウンター）の高さは75～85cmとする。この高さは健常者が立ったまま使用するには低いが、作業面や引出しの高さが75cm程度であれば標準のカウンター高さでもよい。

③ **キッチン流しは、** 車いすに座ったままの姿勢で流しに近づけるために、流しの下に膝が入り込めるクリアランスが必要である。そのため、排水溝が奥にあり浅めの流しだと車いすのまま正面し接近して使用できる（図4・8）。

歩行困難者や高齢者の場合は、流しの前にスツールを置いて座ったまま作業ができる。使用しないときはワゴンなどの収納空間に使用できる。

④ **冷蔵庫は、** 大型のものが多く扉幅が広いものや高いものは使用しにくい。車いすに乗ったまま手の届く範囲の高さで、扉が2枚以上で両開きや引出し形式が接近しやすい。取出しや接近性のよいものを選ぶ。

⑤ **調理コンロは、** ガスなどの火気を使用するものから電磁式のものまである。いずれも前面で調理のコントロールが可能なものがよい。

いろいろな機能があるので誤用のないように注意する。音響シグナルや自動消火など安全装置を備えた器具を採用する。バーナーは燃焼中に腕や服などがふれないような配置の

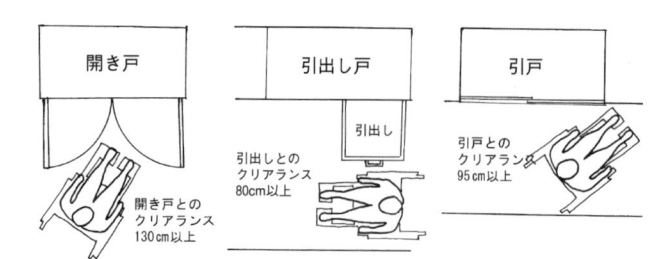

図4・9 収納部の開口スペース

ものが望まれる。高層マンションなどでは電磁式調理器などの電化が進み、火傷防止や火災防止に役立っている。

調理コンロの高さは車いす使用者には75cm程度がよい。煮こぼれの危険性があるので、調理コンロの下に膝の入るクリアランスには注意が必要である。そのため、調理コンロの縁に煮こぼれ防止の立ち上がりがついたものもある。

高齢者では嗅覚が衰えるためガス中毒になる危険がありガス栓には必ずガスヒューズと警報器をつける。またつけ放し防止に役立つ自動消火式のコンロもある。

⑥ **食器戸棚などの収納スペースは**、車いす使用者の手の届く範囲を考慮して計画する。開き戸式の収納は、開放される扉に衝突や身体の一部をぶつけることも多い。特に頭のあたる範囲では引戸とすべきである（図4・9）。

障害者の手の届く範囲は限られているが、健常者と一緒に住む場合には、天井面までの収納としてもよい。

(2) トイレ・洗面所

(a) 大便器周り

大便器周りは車いす使用者を対象とする場合か否かによってその内容が異なる。車いす以外の場合は一般の便房でもよい。

① **和便器を使用する場合は**、障害者が位置を確認しやすいように足台の代わりに手すりを設けてもよい。

足腰の弱っている人にとって、手すりがあると使用中の姿勢を安定させることができる。鉛直方向につかまり棒を取り付けることにより立ち座りも楽になる。和便器では便器の清掃と足下の清掃も必要である。一般家庭では腰掛け式の洋便器が使用しやすく普及している。

② **車いす使用者の大便器周りは**、便器へ車いすからの乗り移りと方向転換を考慮して、少なくとも直径150cm程度の内接円が描ける広さを確保する。車いすからの乗り移りが前・後方からのみに限られる狭小な場合として90cm幅の便房の両側または片側に手すりをつけたものが考えられる。両側の手すりの間隔が車いすの幅よりも狭いと車いす使用者は便器に近づけないので70〜75cm程度の間隔とする（図4・10）。

③ **障害者が利用できる便房は**、腰掛け型大便器を設置し、手すり等の支持具を取り付ける。便房の出入口は車いす使用者が通行できる幅として、段差があってはならない。ドアは、引戸がよい。便房側への内開き戸は、便房の内側で転倒の際に扉開閉の障害物とな

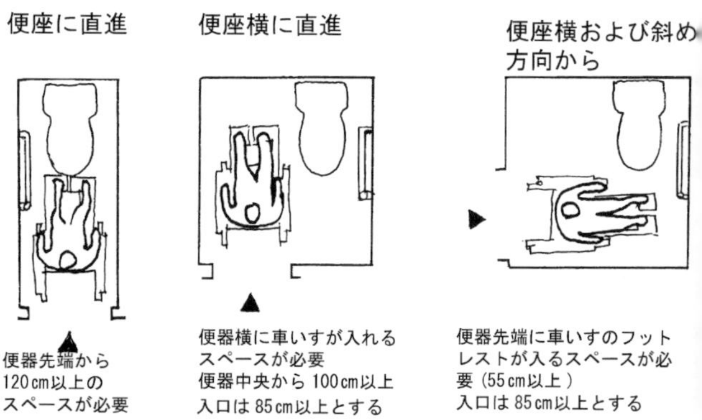

図4・10 便房への乗り移りとクリアランス

図 4・11　車いす使用者向け便所の設備

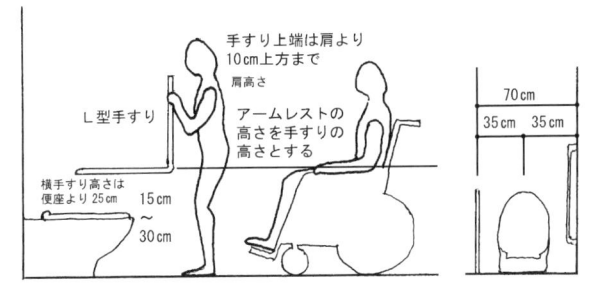

図 4・12　車いす使用者向け便所の手すり位置

り救出できない。施錠は上肢障害者でも使用しやすいように，施錠と同時に便房外へ使用中の標示がされるようにする。

④　下肢を曲げられない人や車いす使用者にとっては，腰掛け式が楽である。腰掛け式便器は車いすのフットレストが便器にあたらないように壁掛け型か底部がくぼんだものがよい。

便座の高さは，車いすからの乗り移りを考慮して座面の高さに近い 42〜45 cm がよい。身長や体型に応じて高さ調節のできる補助便座が使用できると座りやすい。

⑤　車いすから便器への移動時は，手すりに全体重がかかることが多く，手すりは堅固に固定する。可動手すりは可動部にぐらつきが生じやすいので，固定の手すりと併用する。

手すりの高さは車いすのアームレストと同じ高さとするのがよい。また鉛直手すりは歩行困難者が立ち上がる場合にも使用される。手すりの直径は握りやすい 32〜38 mm とし，床に固定した手すりの場合は車いすのフットレストがあたらないようにする（図 4・12）。

⑥　緊急事態に備えて，便器に座った状態で手の届く位置に非常ボタンを設ける。一定時間以上施錠されたままの場合に自動的に警報機が作動するシステムもある。

(b)　小便器と洗面

一般家庭では洋式便器を主体とするが，一般の小便器を利用する軽度の障害者で，車いす使用者であっても一時的に小便器を利用することが多い。

①　小便器には，左右や前後の倒れに対する身体の支持，および位置確認のためのつかまり棒や手すりを設ける。

小便器にはだれにでも使用できる床置式ストールを設け，支持具を取り付けるのが望ましい（図 4・13）。

②　小便器周りの手すりは，できるだけ便器に近づけて設ける。手すりの上端の高さは 120 cm 程度で，これにつかまりながら用をたすためのもので，間隔 60 cm 程度，高さ 83 cm 程度である。手すりの下部は車いすが通行の邪魔にならないようにする。また，杖使用者は杖を立てかけやすいように配慮する。

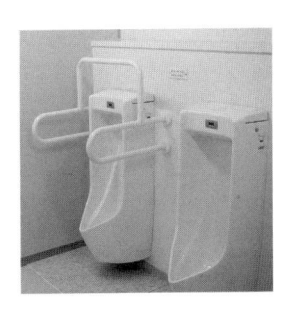

図 4・13　ストール型小便器

③　洗浄装置は，押しボタン式もあるが自動洗浄式がよい。この他，収尿器用ノズルを使用している人もあるので，収尿器用ノズルは車いす使用者向け便所に設置するのがよい。

小便器周りの床や腰壁は汚れやすいため水洗いができる仕上げとし水勾配や排水を考慮する。なお，滑りにくい仕上げとする。

④　**車いす使用者用および歩行困難者用を設ける場合**。車いす使用者用の洗面器の下には膝が入るクリアランスが必要である。洗面器下の排水トラップに車いすがあたらないように横引き排水や短いトラップとする。また，洗面器上部には鏡を設け，車いす使用者が利用できるよう工夫する（図4・14）。

歩行困難者用に壁掛け式の洗面器とする場合，洗面器周りに手すりを取り付ける。手すりの高さは洗面器より上部3 cm，横間隔は60 cm程度とする。洗面器の両端と手すりの間隔は10〜15 cmとする。

歩行困難者は洗面台に手をつき身体を支えるため洗面台の周囲には手すりを設けるとよい。車いす使用者用の洗面器の上端は床から80 cm程度，下端は65 cm程度で75 cm程度が望ましい。なお側壁からは60 cm程度離す。

⑤　水洗金具は，上肢障害のある人では回転式ハンドルの使用が困難な場合が多いことから，力が少なくてすむレバーハンドルや足踏み式または自動式の水洗金具とする。レバーハンドル式の水洗金具は手先の弱っている人に使いやすく手の甲だけで操作できる。

車いす使用者の場合の水洗金具は床から95 cm程度の高さに取り付ける（図4・15）。

図4・14　車いす使用者用の洗面台

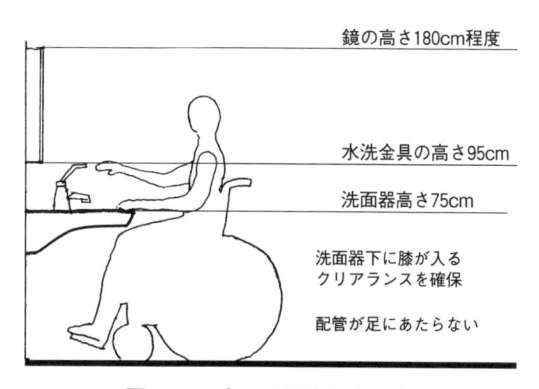

図4・15　車いす用洗面台の高さ

(3) 浴室・シャワー

障害者が入浴するための行為は，衣類の脱着，浴室への出入り，清拭，そして入浴の順で，それぞれに困難が多い。健常者でも，入浴時には熱湯による火傷や浴室での転倒，浴室内外の温度差による急激な体調変化など危険も多く，安全で快適に入浴できる工夫が必要である。

車いす使用者が入浴するためには，浴槽の一端に車いすが横付けできることが求められる。したがって，入浴にあたって浴室では介助者が付き添えるスペースも必要となる。そのため，障害者の状況に対応した浴室のしつらえを考えなければならない。

戸建て住宅では，障害の程度や箇所に応じて浴室が計画されるが，高齢者の場合は身体的な変化も大きいことから，気候や温度への

対応も求められる。

① 浴室の床は，水に濡れても滑りにくい材質がよい。浴室の出入口では段差をなくす。浴室側に排水のためのグレーチングを設ける。水勾配は出入口側を高くすることが多いが，出入口のグレーチングと水はけ効果の高い床をセットしたものもある。出入口の段差をなくすことにより浴室に車いすのまま出入りができる。出入口は引戸とし，車いすが通れる幅とする。

② 浴槽の出入りには，障害者が浴槽に容易に出入りすることができ，身体を安定に保って安全に入浴できることが必要である。浴槽には和式と洋式があり，和式の水深は深く肩まで湯ぶねに浸けられるが脚が伸ばせず出入りが困難となる。洋式は水深が浅く出入りに負担が少ないが，浴槽内での座位が定まらず肩まで浸りにくいなどの欠点もある。そのため脇の下まで入ることができ膝を伸ばすことも可能な和洋折衷式の浴槽が推奨されている（図4・16）。

③ 和洋折衷式浴槽では，ふちの高さを車いすの座面の高さと同じ45 cm程度にすると洗い場から浴槽への出入りがスムーズに行える。

浴室内には車いすで回転できるスペースを確保すると洗拭にも便利である。また，浴槽と同じ高さのプラットホームを設けると洗い場ともなる。車いすを横付けするためには，浴槽の側方に120 cmのスペースをあけ，介助者用に壁面と浴槽の間に60 cm以上の介助スペースを設ける（図4・17）。

④ 浴室内の手すりは，身体を平衡に保つ場合や洗拭のために起きあがる場合に必要となる。浴室内の壁には浴槽内および洗い場で，鉛直方向の握り棒を設けることにより，立った姿勢を保持することができる。浴槽に

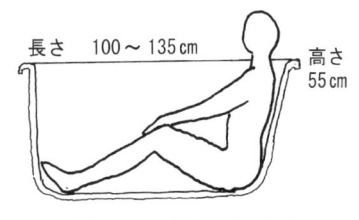

図4・16 折衷型浴槽図

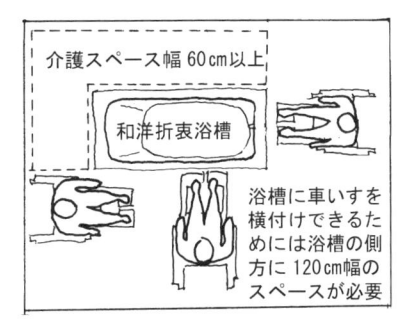

図4・17 浴槽と車いすおよび介護スペース

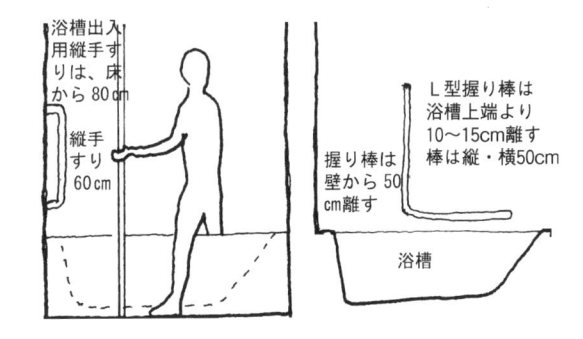

図4・18 浴槽周りの手すりの取付け

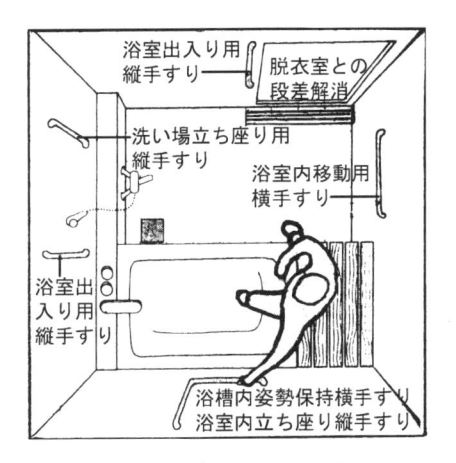

図4・19 浴室内の手すり位置

握り棒のついた製品もあるが側壁にL型の握り棒を設けることにより浴槽から起きあがることが容易になる（図4・18）。

浴槽に板を渡して浴槽への移乗を助ける場合も手すりは身体を保持するのに役立つ。この他，浴室への出入り，浴室内移動のために手すりを設ける。手すりはタオル掛けにも使用される（図4・19）。

⑤　上肢障害のある人は，握力が弱いため給水栓の操作にはレバーハンドルを使用する。温水と冷水の2バルブにより混合する場合にサーモスタット付のシングルレバーハンドルがよい。障害の内容や位置によってハンドシャワーと固定シャワーを使いわける。車いす使用の場合は低い位置でハンドシャワーを使用し，脚を曲げることが困難な場合には立ったまま高い位置でハンドシャワーを使うことができる。

⑥　緊急時に，急に気分が悪くなった場合や転倒するなどの事故に対処できるように介助者などに通じる非常用ブザーが必要である。位置は浴槽から手の届くところがよい。浴室内では換気のために浴槽と浴室内の温度差が生じたり，脱衣室と浴室との温度差も大きくなることがある。とりわけ冬季には温度差が大きい。そのため，高齢者や心臓疾患などがある場合には身体への負担が大きく浴室用熱交換型の換気扇や温度調節により浴室内の温度を一定に保つことが望まれる。

(4) 食事スペース

食事スペースは，食事の運搬が近く食後の片づけが楽な位置に設けたい。したがって台所に直結する食堂で食べるか，または台所内のいずれかの場所となる。食事は家族や居住

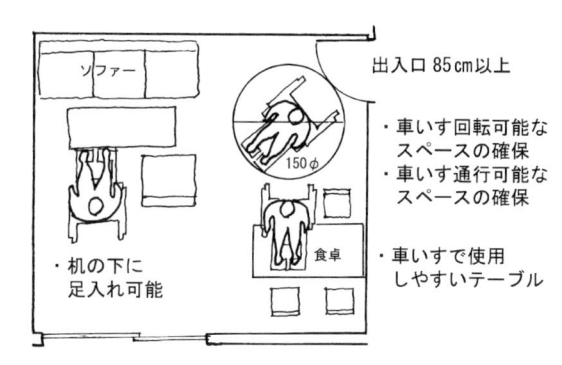

図4・20　居間・食堂における車いすのスペース

者が集まって一堂に会して食べることも多い。病気や寝たきりになると料理を寝室に持ち込んでの食事となるが，比較的大勢での食事は楽しいものである。

車いす使用者の食卓は，車いすに乗ったまま食事をとることになるので，車いすがテーブルの下に入り込めるように70～75cm程度の高さの食卓で，たとえ料理がこぼれても清潔に保てる仕上げとする。なお，床も車いすが滑らないものとする（図4・20）。

(5) 居　室

障害者の居場所は，外部からアプローチしやすく周りの人たちと連絡がとりやすい家や建物の中心部がよい。そして日常生活に重要なトイレや台所などに接していることが望まれる。障害が重くなるほど1カ所にとどまりがちになるので，その場合は身の周りを整理して何でも揃えておくことが重要になる。

①　休息スペースは，プライバシーが守られるように，他の居室から分離独立することが望ましい。幼児や児童は看護しやすい場所に居室を設け，夫婦の主寝室の近くが望ましい。主婦が障害者の場合には家族みんなが集える場所がよい。プライベートルームには生活の場と収納スペースが必要である。

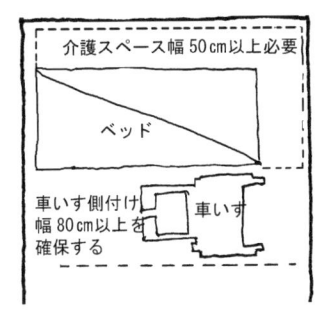

図4·21　ベッド周りの介助と車いすスペース

② ベッドの置かれる場所は，窓の位置や出入口の開閉に注意し快適な住環境を確保する。介護の必要な場合にはベッドのうちヘッドボード以外の3方向が介護スペースとして空いていることが望ましい。ベッドは一般に使用されるもので100cm×200cmであるが，車いすからベッドへ乗り移る場合や起きあがるときには，車いすを方向転換するためにベッド脇に150cmのスペースが必要である。なお，車いすのための幅80cm以上の通路も必要である（図4·21）。

③ 車いす使用者の場合は，寝返りや起きあがりが楽なように天井面レールなどの補助具や捕まり棒が必要となる場合がある。最近では介護用ベッドや起きあがりを補助する電動の介助ベッドが市販されている。ベッド周りには車いすへの乗り移りと方向転換や回転のために直径150cm以上のスペースが必要

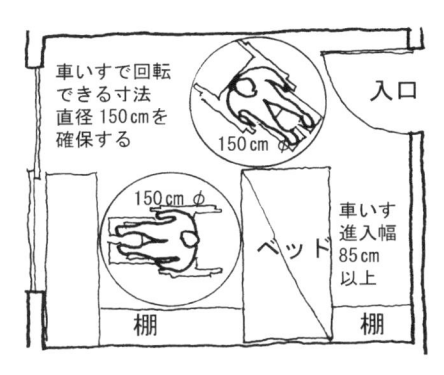

図4·22　ベッド周りのスペース

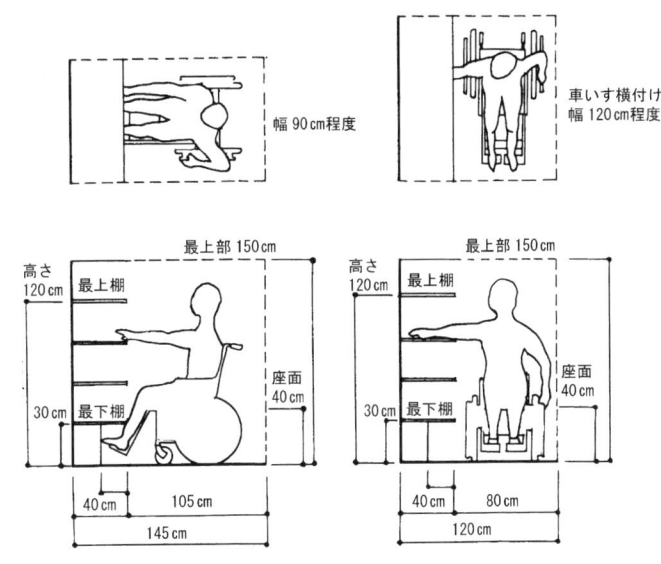

図4·23　収納スペースの高さ

である（図4·22）。

④ 収納スペースは，車いす使用の場合に手の届く高さ範囲として高いところで120cm程度，最低部は30cm以上とする。車いすのフットレストが入るか車いすを収納に横付けできるものとして，接近性を高める。なお，収納の扉は安全のため引戸とする（図4·23）。

(6) 家事，仕事スペース

台所や洗濯スペースは一般に狭くなりがちで，多くの機器も配備される。これらは家事の手順に配置されるのがよい。危険物となる機器の操作を誤らないように手順と配置を考える。障害者の仕事スペースは生き甲斐の場ともなる。バリアとなる障害物をなくし安全で効率的な作業スペースを確保する必要がある。倉庫や機械室のように危険の多い場所や接近してはならないところ，さらには危険のともなうところには音響シグナルや色彩シグナルを設ける。

4-4　住宅における子育て空間の考え方

　高齢者配慮へのこれまでの蓄積は多いが，少子化・福祉高齢化社会を迎えて，「少子化」という社会状況については，住宅計画における「子育て空間」という課題を抱えた状況のままである。

　子ども室の設置は，高度経済成長期に住宅規模が拡大する1つの要因になっていた。そこには子どもを自立させるため，あるいは勉学に集中させるためという親の期待もあったが，かえって家族間関係を築きにくくする原因になる例も見られた。子ども室が，必ずしも子育ての段階に応じた望ましい空間になっていないということである。

(1)　乳幼児成育空間として

　乳児期には親の目が届く位置で，快適で睡眠を妨げない静寂な場所が必要である。キッチンやダイニングの親の仕事空間に連接しながら，家族室などとは分離されるためには，L，D，Kの一連の空間周りにゆとりが必要である。

　幼児期は特に室内遊びが活発であり，玩具や絵本などの遊具も必要なので，親の目の届く位置にプレイルームとして保育所の保育室的な空間を確保できるプランが望まれる（図4・24）。

(2)　少年期成育空間として

　本来，外遊びに多くの時間を費やしてよい年代であるが，放課後の塾通いや習い事，それ以外はTVゲームに熱中というのが実態のようである。プライバシーに関する研究成果によると，最小限のプライバシーニーズとは気兼ねなく泣くことができる場所という。

　そこで「勉強」や「宿題」は個室でするとはかぎらず，家族室の大きな多目的テーブルでという例も少なくない。ベッド，収納ケース，勉強机の3点がコンパクトに収められる3畳程度の空間を確保し，日常の生活行為は家族との共有空間でという形が望まれる。また住宅内外を通じて子どもの種々の遊びを誘発できる変化に富んだ空間が望ましい。図4・25は個人空間を最小限にして，住宅内全体を子どもの生活空間にする意図を持ったプラン例である。

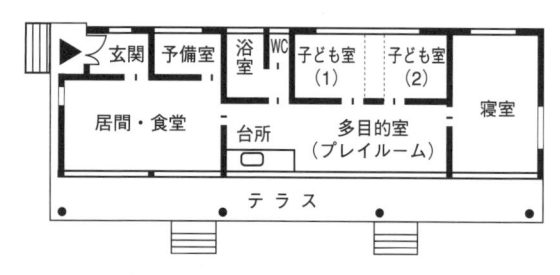

図4・24　育児をテーマにした戦前のコンペ入選プラン（設計：北村一）

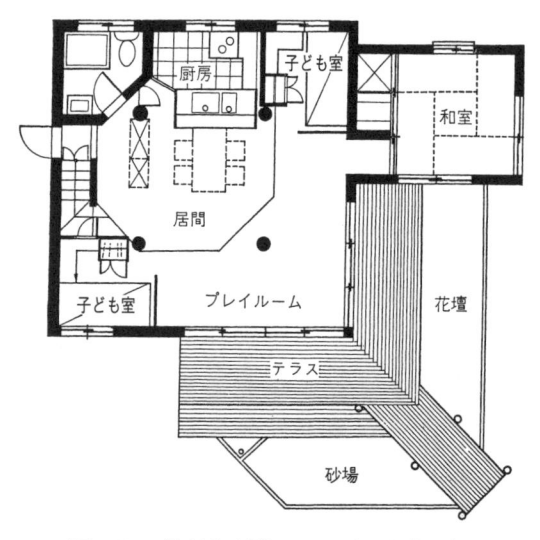

図4・25　子ども空間のコンパクト化の例（設計：吉田清昭）

図 4・26 個人領域を家族それぞれに重視したプラン例
（設計：黒沢隆）

4-5　高齢者の生活空間と住宅計画

(1)　居住空間における高齢者

住宅の中での高齢者は，家族の中で成育過程の子どもと同様にその特性に配慮が必要である。その要点として次のような事項があげられる。

① 体格や身体寸法が加齢にしたがって若年者と比べて相対的に小さめになる。
② 脚力や筋力などの身体的能力が低下する。
③ 感覚的機能や生理的調節機能が減退してくる。
④ 新しい設備や複雑な住宅様式に適応しにくくなる。
⑤ 自力で，他の人々と交流したり，地域的な生活施設を利用することが難しくなる。
⑥ 疾病や負傷の回数が多くなる。
⑦ 過去の生活の記憶や記念物を大切にする。
⑧ 加齢の進行につれて，個人差が大きくなる。

(2)　高齢者のための設計配慮

体格・身体寸法の縮小に対しては，低めの手すりや棚といった寸法的な配慮が必要である。脚力・筋力低下には，サニタリーなど頻繁に使用する空間や設備へ行くのに階段や段差は避けることが必要である。たとえ，あっても階段勾配の緩和も不可欠である。生理的に，トイレの要求が頻繁になるので，トイレは便利な位置か，専用トイレの増設があれば

(3)　青年期以降の空間として

青年期以降で，はじめて，1人の大人としての個室空間が対応する。副寝室の1つが当てはめられる。個室は，寝室であり，個人の所有物の収容場所であり，仕事場所になることもある。

(4)　ユニバーサルスペースとしての成育空間

アメリカの建築家ミース・ファン・デル・ローエは変化に対応する空間システムを，自身の作品の中でユニバーサルスペースと名づけた。その趣旨に見習って，子育て，子どもの成育空間は，子ども部屋を用意することそのものではなく，成育過程に応じた空間構成ができるプランがあることと考えれば，成育空間はユニバーサルスペースということができる。日本の住宅はこれを実現できていない。nLDK の組合せシステムのほかに，子育て＝bring-up 空間〈B〉の組合せ類型が生まれないであろうか。

好都合である。

スイッチ，コンセントのあつかいやすいもの，電子機器でも表示の見やすいものなどを選ぶ。

高齢者室が孤立するような配置にならないことも大切である。また，親しい友人が直接外部からアプローチできることも交流のための配慮の1つといえる。縁側，濡れ縁，テラスなどの半戸外空間もあったほうがよい。体調をくずして床に就いたとき，家族からその様子がわかりやすい配置，重篤なとき隣接して家族が添い寝できる空間があるとよい。

個人の持ち物が多くなっており，それらを整理しながら収納を少なくすることも肝心ではあるが，個人が必要とする収納空間は多く要望される。また，その出し入れが容易となる形式・寸法を工夫する。

住宅計画，ディテール設計，設備の導入のときに，これらの条件を具体的に考慮することであるが，既存型の住宅ではバリアフリー化を推進することになり，新規タイプの住宅をつくる場合ではユニバーサルデザインに力点をおくことになる。

(3) 住宅の並列システムと選択性

住宅を福祉空間デザインとして見るとき，往々にして生ずる誤解に留意すべきである。住宅というものは居住状態ではきわめて個人性がある。したがって，公共施設や専門施設のように，徹底したバリアフリー化が不可欠というわけではない。また，バリアフリーが細部設計のきまりごと，つまり「仕様」との誤解に引きずられたように，すべての住宅でそれを物の形として徹底することに目標をおいてはならない。

階段を上がり降りすることが困難にならないか，自らの体力づくりに生かしている高齢者にとって，それはバリアではない。体調によって楽なときと困難なときがある場合には，斜路と階段のどちらかを選べるのが望ましい。一方的に，段差解消，全面斜路という発想にならないことである。居住主体にとっての選択性のあること，並列のシステムがあるほうがよい。また，加齢変化でバリアフリー化の余地をあらかじめ見込んでおく先見性も必要である。もともと狭いスペースにつくってあった階段はバリアフリー化が困難であり，手すりや踏み面の滑り止めも，かえってバリアを生み出すことにもなりかねない。

(4) 世代間関係と住空間

住宅を家族生活の器として見るとき，若年世代と高齢世代の居住空間のあり方が生活を質的評価する（QOL：Quality of Life）ことに関係する。それは一般に，同居，隣居，近居に分けられている。ほかに遠居という用語もあるが，これは高齢世帯が単独に居住しているわけであり，老若世帯間での生計や近親交流などにかかわる社会学的観点や住宅供給に関する行政的な視点からは重要であるが，住宅の居住空間の関係としては論じられない。

(a) 同居の場合

同居型の場合，若年世帯と同様に，高齢者のために夫婦室か単身個室が確保できていて，使いやすいトイレが近い位置にあり，家族共通室と他の空間・設備がユニバーサルデザインでつくられているというのが基本条件

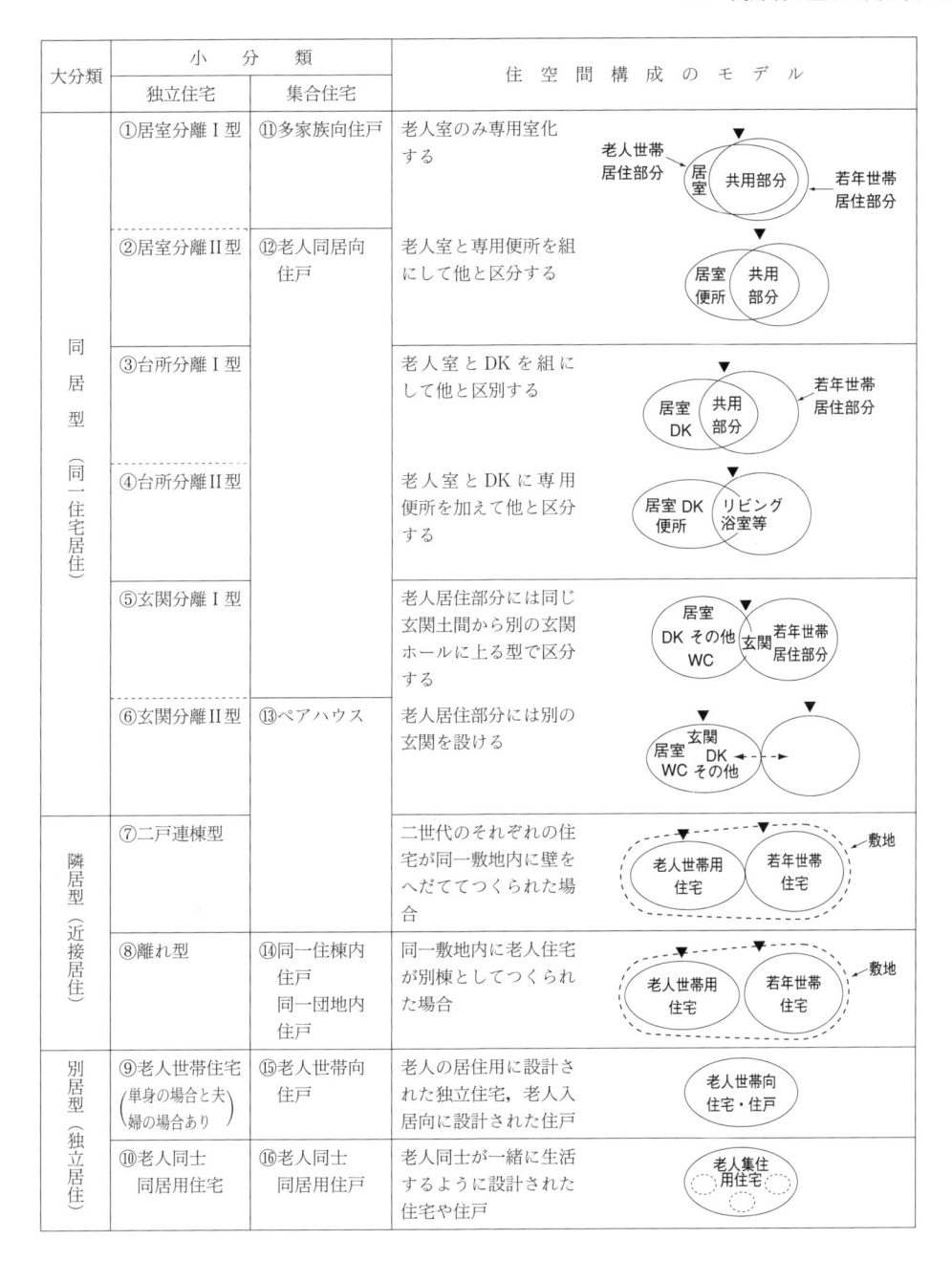

大分類	小分類		住空間構成のモデル	
	独立住宅	集合住宅		
同居型（同一住宅居住）	①居室分離Ⅰ型	⑪多家族向住戸	老人室のみ専用室化する	老人世帯居住部分／居室／共用部分／若年世帯居住部分
	②居室分離Ⅱ型	⑫老人同居向住戸	老人室と専用便所を組にして他と区分する	居室 便所／共用部分
	③台所分離Ⅰ型		老人室とDKを組にして他と区別する	居室 DK／共用部分／若年世帯居住部分
	④台所分離Ⅱ型		老人室とDKに専用便所を加えて他と区分する	居室 DK 便所／リビング 浴室等
	⑤玄関分離Ⅰ型		老人居住部分には同じ玄関土間から別の玄関ホールに上る型で区分する	居室 DK その他 WC／玄関／若年世帯居住部分
	⑥玄関分離Ⅱ型	⑬ペアハウス	老人居住部分には別の玄関を設ける	玄関 居室 DK WC その他
隣居型（近接居住）	⑦二戸連棟型		二世代のそれぞれの住宅が同一敷地内に壁をへだててつくられた場合	老人世帯用住宅／若年世帯住宅／敷地
	⑧離れ型	⑭同一住棟内住戸 同一団地内住戸	同一敷地内に老人住宅が別棟としてつくられた場合	老人世帯用住宅／若年世帯住宅／敷地
別居型（独立居住）	⑨老人世帯住宅（単身の場合と夫婦の場合あり）	⑮老人世帯向住戸	老人の居住用に設計された独立住宅，老人入居向に設計された住戸	老人世帯向住宅・住戸
	⑩老人同士同居用住宅	⑯老人同士同居用住戸	老人同士が一緒に生活するように設計された住宅や住戸	老人集住用住宅

図 4・27　老若世帯の居住空間の相互関係のタイプ

である。国土交通省の住宅建設五箇年計画で，高齢者同居の規模水準に提示された4LLDKSという住戸規模[3]は，高齢者室が取れるだけの室数があり，しかも，複数のLから高齢者用Lを分離できたり，応接と家族用Lを使い分けたりできることなどがイメージできてこの形を示している。

高齢者専用の寝室とL.D.K.までが確保されていて，浴室・トイレ・洗面室などのサニタリー空間と玄関出入口などを若年世帯と共用するというのが，自立性とコミュニケーションを調整できて，しかも日常経費上の節

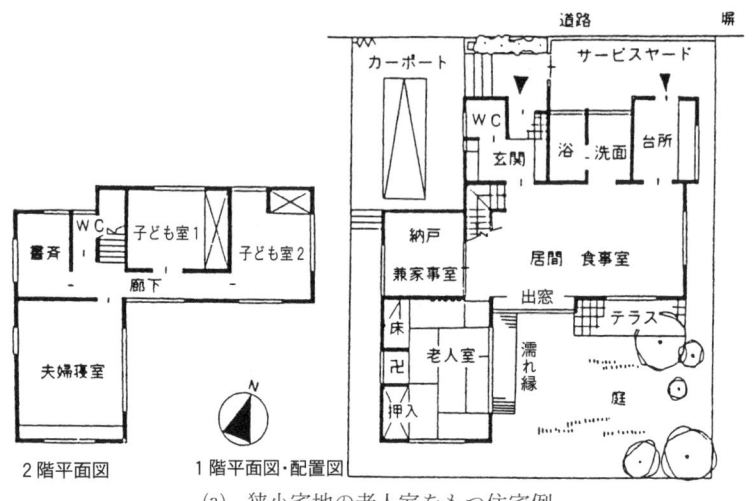

(a) 狭小宅地の老人室をもつ住宅例

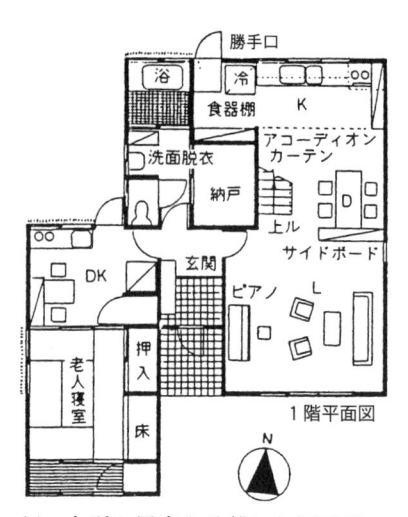

(b) 台所と居室を分離した同居型の例。2階には夫婦寝室，書斎，子ども室がある。

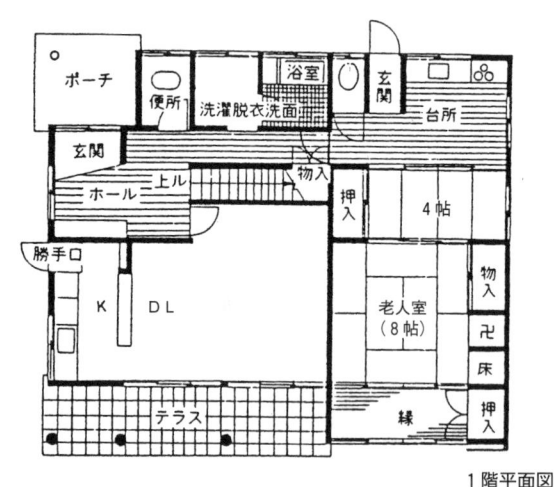

(c) 老人居住部分に玄関を別に設けた例。2階には夫婦寝室と子ども室が2室と便所・納戸がある。

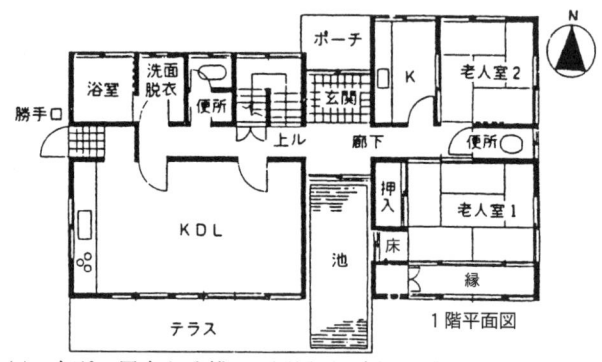

(d) 台所と居室を分離した同居型の例。2階には夫婦寝室，書斎，子ども室がある。

図4・28 老若世帯の相互関係に応じたプラン例

約を実現できる，同居型では最も整った形式といえる。この形式はゆとりのある独立持ち家建設の場合に実現可能であり，民間・公共を問わず，賃貸型ではここまでの条件は得にくい。

(b) 隣居の場合

高齢者用の住宅の1セットを若年世帯の住宅と壁で合体させたような二世帯住宅がある。これはそれぞれの独立性と近接性の両立と住宅用地取得難，建設費節約対策などをかねていることが多い。

この場合，両者の間に行き来を可能にする出入口，ドアを設けることもありうるが，それぞれの住空間の利便性を確保しながら通路空間が隣接するためにプランを工夫することが必要である。同じ敷地内に2棟が建つ場合や母屋に対して高齢者用離れを建てる形式もこの部類である。

4-6　住宅と高齢者の在宅介護

(1)　施設介護と在宅介護

　第二次大戦後の社会構造の変化にともなって，世帯の小規模・細分化，老若世帯の居住分離が進み，多くの人々にとって，高齢者が多人数の家族の中にあって相互に生活上の支え合いができる状態ではなくなっている。このための社会的な施策は，一義的には，老人ホームなどの施設を整備して，高齢者の生活ニーズを専門な処遇と空間で支えることであった。そして，急速に進んでいる人口高齢化の趨勢に対処するには，施設の数を増やすことと，ある程度大人数が集まって住む形をとらざるをえないということであった。

　これには2つの問題がある。1つは，多人数が同室になり，規模の大きな施設空間で生活をするということが，それまでの人生，いいかえれば生活史とは大きく異なる，共同の起居，衣食の生活を強いられることである。これは高齢期になって新たな寄宿訓練を受けるようなものであるとともに，狭い個人空間に持ち込める所有物もきわめて限られてしまう。そのことは，長寿を全うする時期に安寧と平和を求める（しあわせ感を得る）ことに結びついているとはいいがたい状況である。いま1つは，増え続ける高齢者居住空間需要に見合うように，公的な支援の欠かせない施設整備をどこまでも続けるのが困難になってきていることである。

　福祉先進国であるスウェーデンでは，日本の施設拡充期には，すでにこの方向を180度転換し，施設をつくらず，極力，それまでに高齢者が過ごしてきた住宅に住み続けることができることを前提に，物心両面でサポートするための条件に力を入れている。

(2)　在宅条件の整備

　スウェーデンの在宅福祉の，「高齢者は住みなれた家に極力住み続けられるようにしなければならない」という考え方は，共感を呼び起こすすばらしいものということができるが，日本にそのままは当てはまるわけではない。特に，第二次大戦後の60年程度を顧みると，それは住宅建築において歴史的な激動期にあたっている。

　農村部から都市への人口の大移動と生業の転換で，農村部の住宅は都市化と2階建て化が進んでいて，しかも居住人数に対して規模は大きい。伝統構法，格式を反映したしつらえなどはバリアフリー化にとってのバリアであることが多い。また，高齢者が維持管理することも容易ではなくなっている。

　一方，都市部では，狭小アパートから，中高層集合住宅，そして，郊外型戸建へと移行する住宅需要が続き，高齢者にとっての住宅には，安定的に年月を重ねられ，しかも長く使っていける耐久性能と質（ストック性）が確保されているとはいえない。また，高齢者といえども，居住場所でのコミュニティへの定着度も十分とはいえない。

　農村部における近隣コミュニティも人口減少で組織的活動力が弱体化しており，都市部では，地縁的なコミュニティが希薄化してしまった実状がある。もちろん極力，近隣，近親といった互助関係の維持・再生に努力を重ねることは欠かせないが，社会的な介護制度の活用も前提としなければならない。そのために，集住の形式，立地の特性，介護の選択

などを考えたうえでの，住宅の物的なデザインにも知恵と技術を活用しなければならない。

(3) 在宅介護の物的条件整備

　高齢の当事者でない立場からの主張にこのようなものがある。それは，高齢者のために住宅をバリアフリーにすることは，日常的な高齢者の体力維持や生活行動の努力を阻害するというのである。また，世の中からバリアが解消されてしまうことはありえないので，バリアに対処する意欲や能力を失わせる要因であり，不幸を招く方向であるという。

　これにも一理はあるが，これへの反論は不毛であるといわざるをえない。大切なことは高齢者自身が要望する環境条件を自ら選択できるようになっているかという点である。また，自らの心身の弱体化が不可避となったときに対応余地があるかどうかにかかっている。自助とバリアフリーの主体的選択，状況変化への対処可能性（適応生）ということなのである（図4・29 参照）。

(a) 介護者・介助者の補完行動・補完動作を一体的に想定すること

　人間工学的な観点から，個人の人体寸法・動作域・動作空間・行為空間の研究にはすでに多くの蓄積があるが，新たに，被介護者とその補完者を一体的にとらえる配慮が必要である。

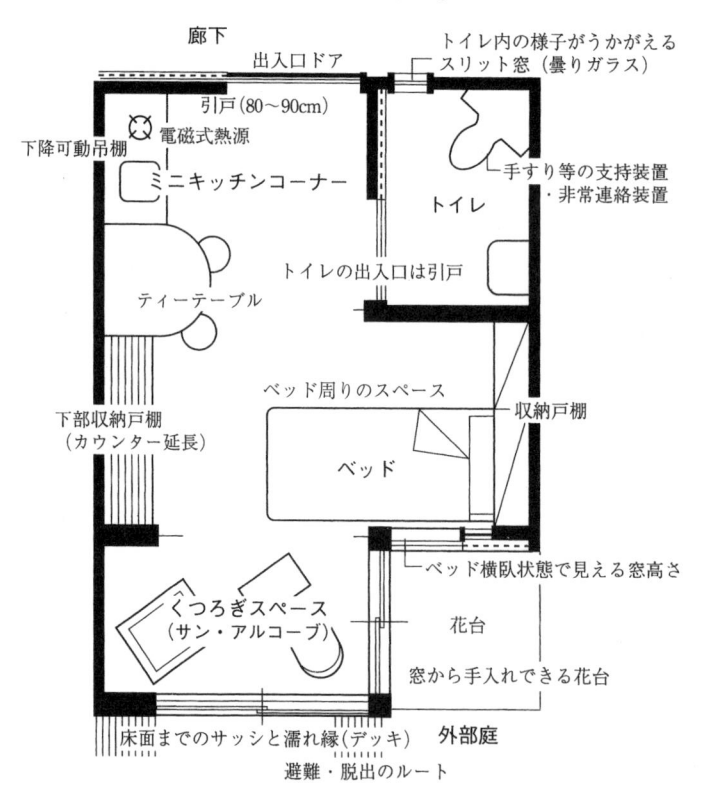

図4・29　高齢者室のための平面モデル
戸建住宅の一部に高齢者室を設置するとした場合の平面図案である。当初から計画または増築部分としてここでは浴室は家庭共用のものがあることを前提とする(岡田光正，他著「住宅の計画学入門」鹿島出版会より)

① 移行空間寸法：外部でも，内部でも，階段前後のフラットスペース，庇下・踏み込み床のゆとり，玄関ホール面など，次の動作に移り変わる前後の空間は1.5 m×1.5 m程度以上が必要である。

玄関の下床と上床の移行には体重支持の必要があるので，車いすや介添え立位で，段差解消機を使用することが考えられる。そのとき，その分（1.0～1.2 m²）のスペースが別に求められる。したがって，かつての玄関土間の1坪（1.8 m×1.8 m）は最小限空間であったといえよう。

② 通行空間寸法：住宅内の移動に車いすと人1人の関係で，押して移動するだけなら，内法80～90 cm，横から手助けを必要とするなら120～135 cmが必要である。これは廊下・通路のみでなく，部屋内の家具周りで，通り抜けを必要とするところにもあてはまるものである。

現在の住宅には900～1,000モデュールを用いて通路幅やトイレ幅をその内輪におさめる機械的な設計法は大いに反省されなければならない。

③ 移乗箇所寸法：高さ関係については，車いす座面（40 cm程度）が基本であり，ベッド高さ，浴槽縁高さがそれとほぼ同様ということになる。広さとクリアランスからは，特にベッド周りに2方，ないし3方のクリアランスが100～120 cmは必要である。体重支持にはホイストなど機器が使えることが望まれる。その設置には建築化（天井埋め込みレールによる），門型構（室内に柱・梁の構造を組む）によるもの，スタンド（据付・走行）によるものが開発されている。

④ 介護・介助用サニタリー設備：

浴槽の出入りには，体重支持が必要なので，移乗台，移乗座面（縁への着脱式もある）が必要である。現在のユニット浴室では，ゆぶね縁が1面しかないものが多いが，介護・介助には2面以上接しているべきである。シャワーでの代用も多く，座式シャワー，シャワーいすがある。トイレでの便器には多様な器種があり，2面または3面方向のクリアランスが求められる。

(b) 自宅療養・病時対応を考える

高齢者にかぎらず，疾病治療や退院後の療養時，場合によっては持病による緊急事態などのためには，今日の住宅のような各室が独立した密閉型の設計は望ましくない。家族の共用室間のドアや間仕切りには，ガラスかアクリル樹脂材を用いて，家族の気配をお互いに感じ合えるようにすることが望ましい。

(c) 生活感の伝わりやすい家屋構造

プライバシー重視では往々にして閉鎖的な家屋構造になりやすいが，生活感，気配，庭の状況などが少しはうかがい知れるように，エクステリアはフェンスや生け垣にするのがよい。高齢者にとっても病臥状態で庭や外部の様子が見えたり，気分転換になったりすることからも必要である。

(d) 介護・介助に必要な，通常の住宅への付加設備

在宅介護とは，施設での設備や措置といった処遇が，住宅内において行いうる，ということでもある。そのため，老人保健施設や高齢者病院などでの生活・療養室や病室・処置室周りで不可欠な設備が，住宅プランにおいても実現できる必要がある。たとえば，通常の生活廃棄物の量が多くなるとともに衛生除

菌の装置や器具，汚物シンクの用意や，高齢者の持病の種類によっては，携帯用の酸素ボンベの置き場ということなども考えなければならなくなるであろう。

参考文献・出典

1) イスラエルにおいて，食堂などのパブリックな棟を中心に居住区，その外に生産地区を配置して構成された共同体の1つで，親の住居とは別に子供の生活する棟があり，週末等に親の住居に子供が宿泊するという居住形態があった。
2) 石毛直道著「SD選書54 居住空間の人類学」鹿島出版会，1971
3) 国土交通省，第6期住宅建設五箇年計画，1990
4) 岡田光正，藤本尚久，曽根陽子共著「住宅の計画学入門」鹿島出版会，2006
5) 藤本尚久「老人の居住形態とプランニング」建築知識1982，9月号
6) 荒木兵一郎，藤本尚久，田中直人共著「図解バリアフリーの建築設計」彰国社，1981

第5章
高齢者福祉と施設空間の計画

5-1 高齢者と住宅・福祉・医療施策

　ここ60年に至る，わが国の医療制度および高齢者に対する施策について概観する。まず1948年に「医療法」が施行され，それに遅れること13年，1961年に医療保険制度が導入され「国民皆保険」が実施された。その時点で医療に対するアクセスは他国に比べて非常に良好となった。また同年には「国民皆年金」も導入され，経済面の施策も始動した。しかし高齢者への対応は福祉施策の遅れのために，制度の歪みとして医療施設に現れたのである。いわゆる「老人病院」の増加と「寝たきり老人」や「社会的入院」といわれた現象の表面化であった。1963年になりやっと「老人福祉法」が施行され，高齢者福祉の本格稼動となった。すなわち以下に述べる「養護老人ホーム」および「特別養護老人ホーム」の設備，運営に関する基準が整備された。

　その後経済成長の著しかった1970年代には，所得倍増計画という国家財政政策の推進を背景に，老人医療費の無料化などの制度ができた。特に1973年は福祉元年とされ，在宅における各種事業や関連施設の建設が促進された。しかし翌年には早くも国家財政が赤字に転落し，福祉施策の見直しが行われた。

1979年には「日本型福祉社会」という考えが出され「個人の自助努力」「家族・地域の相互扶助」などの枠組みの中で，施設においては「応能負担」の考えや，年金の65歳支給への引き上げなどの方針が打ち出された。その後，議論を経て福祉施策の転換となり，1980年代の総括として「活力ある福祉社会」という言葉に表れたように「自由主義経済体制」において経済政策とバランスの取れた福祉施策の推進が政府の命題となった。「自立・自助」「民間活力」などがその後の施策の基本となってくる。

(1) 高齢者福祉制度の改革

　急速な高齢社会への突入を目前にして1989年には福祉目的税の名の下に「消費税導入」および「経済成長（バブル経済）」を背景として「高齢者保健福祉10カ年戦略（ゴールドプラン）」が策定され，予算を明示して，具体的な整備目標を掲げた。内容的には民間活力をともなって，福祉施設の整備（図5・1），在宅福祉の強化，福祉人材の養成などが主要なものである。1994年には目標を見直して「新・高齢者保健福祉10カ年戦略（新ゴールドプラン）」が策定された。

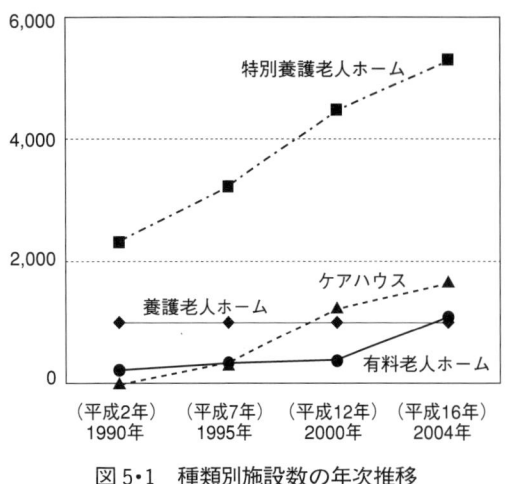

図5・1　種類別施設数の年次推移

(2) 介護保険制度の創設

1994年には新ゴールドプランの策定と同時に、バブル経済が崩壊し、景気は一段と後退し、少子・高齢化も予想以上に進展した。これらを背景に「新介護システムの構築」が提言され、21世紀に向けた福祉政策の方向性が示された。また1994年9月には社会保険方式による「介護保険制度」の創設が打ち出された（図5・2）。
① サービスの自己選択
② サービス受給の権利性
③ 応能負担の実現
④ 地方自治体が保険者となる

などが具体的に討議され、その後保険料の徴収制度の見直しがあったが、2000年4月に施行された。

また、介護保険導入にともなって、新ゴールドプラン後の見直しとして1999年「今後5カ年間の方向（ゴールドプラン21）」が策定され、施設整備および介護予防・生活支援などの整備目標が出された。

一方、施策としての高齢者用の住宅についてはシルバーハウジング事業や高齢者向け優良賃貸事業などがあり、高齢者向きの一定水準の住宅供給に対して建設費の補助や、家賃補助などを主体として行われている。

(3) その後の見直し

今後の高齢者福祉は「介護予防」、「在宅重視」、施設としては「地域分散型」、「小規模多機能型」、「高齢者用住宅の特定施設化」の方向性で推移することが想定される（図5・4、図5・5）。

5-2 高齢者福祉施設の種類と役割

介護保険の制定後、施設の種類が老人福祉法による施設と介護保険における事業所というように重なり合った制度により規定されている。ここでは、老人福祉法の分類によるが（　）内には介護保険における名称を記す。また心身の健康的な自立度と経済的な理由による自立度のマップにより、施設の位置づけを示す（図5・3）。

(1) 入所型介護施設の種類

(a) 特別養護老人ホーム
　　（指定介護老人福祉施設）

〔都道府県, 市町村, 社会福祉法人〕

65歳以上の者であって、身体上または精神上著しい障害があるために常時の介護を必要とする者であって、居宅において適切な介護を受けることが困難な者を入所させ、日常生活上必要なサービスを提供する施設。

	医療法	老人福祉法・老人保健法	介護保険法
昭和23年 1948			
昭和38年 1963			
昭和58年 1983	・老人病院制度を創設「特例許可老人病院」 ・老人の一部負担を導入		
昭和60年 1985	・地域医療計画 ・病床規制		
昭和62年 1987		・老人保健施設制度を創設 ・老人の一部負担を増額	
平成元年 1989			
平成2年 1990	・介護力強化病院 「特例許可老人病院入院医療管理承認病院」		
平成4年 1992	・老人保健施設制度を創設 ・老人の一部負担を増額 ・療養型病床群 ・特定機能病院制度		
平成6年 1994			
平成9年 1997	・地域医療体系の見直し （地域医療支援病院←総合病院） ・診療所も療養型病床群可とする	・施設数の見直し、マンパワーの確保 ・特別養護老人ホーム　29万床 ・老人保健施設　　　　28万床 ・ケアハウス　　　　　10万人分 ・療養型病床群　　　　19万床 　　　　　　　　　　　86万床 補助金による誘導策	
平成12年 2000			●平成12年（2000年）
平成13年	●第4次医療法改正		4月介護保険法スタート
平成14年			
平成15年	〈目的〉 ・医療需要の高度化、多様化に対応しより適切な療養環境を提供するため 〈内容〉 ・現行の一般病床を急性期と慢性期に区分 （病室面積） 　一般病床－4.3㎡→6.0㎡（新築） 　　　　　　　　　 4.3㎡（既存） 　療養病床－　　　6.4㎡	〈目的〉 ・高齢者介護の社会的支援 ・老人医療費の抑制と社会的入院への対応 〈内容〉 ・保険者は市区町村、加入者は40歳以上の全国民 ・要介護認定を市区町村で実施 ・各自のケアプランを作成しサービスを受ける ・10種の居宅サービス（有料老人ホーム、ケアハウス、グループホームを含む） ・3つの施設サービス（介護老人福祉施設、介護老人保健施設、療養型病床群） 　ゴールドプラン21	

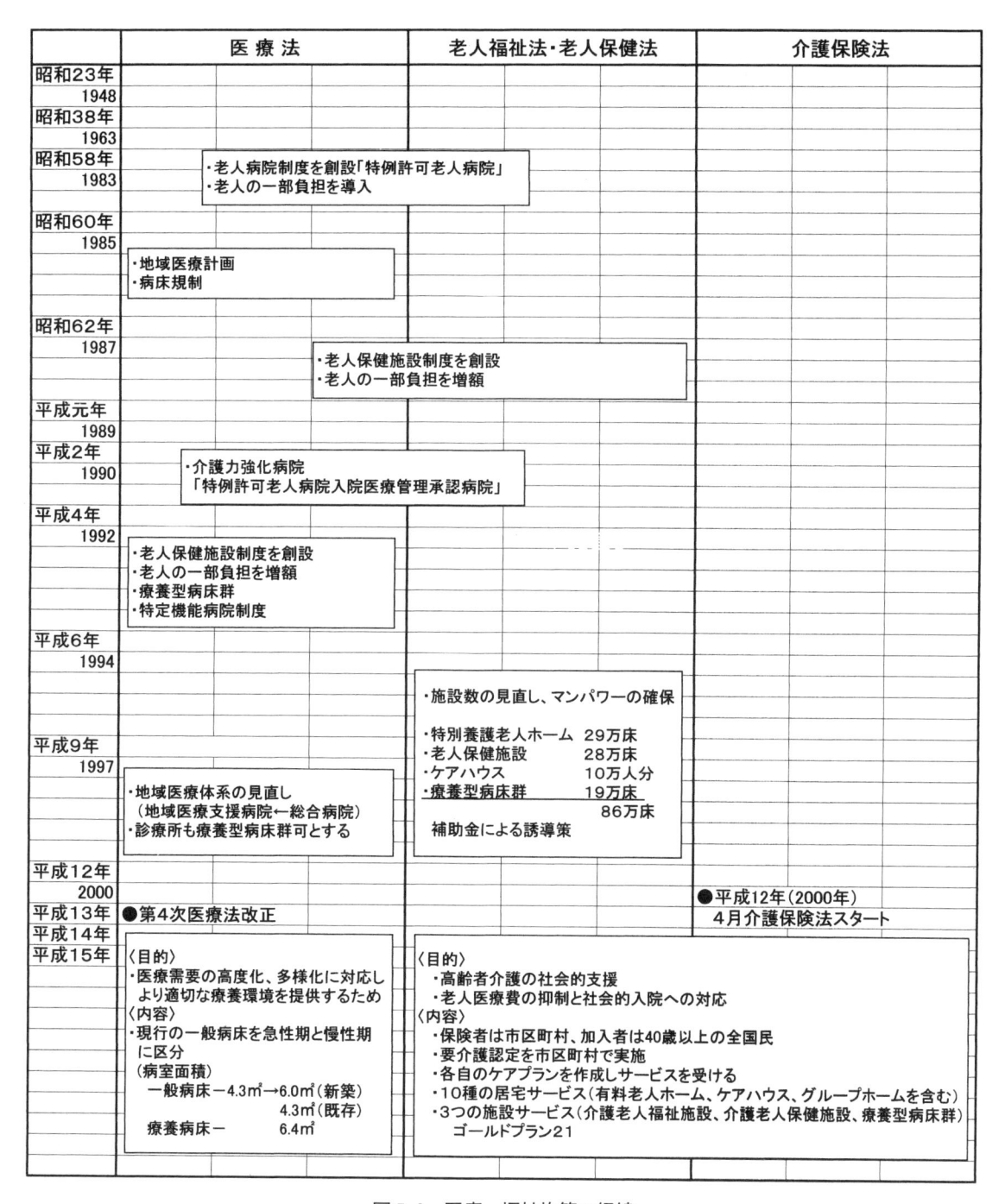

図5・2　医療・福祉施策の経緯

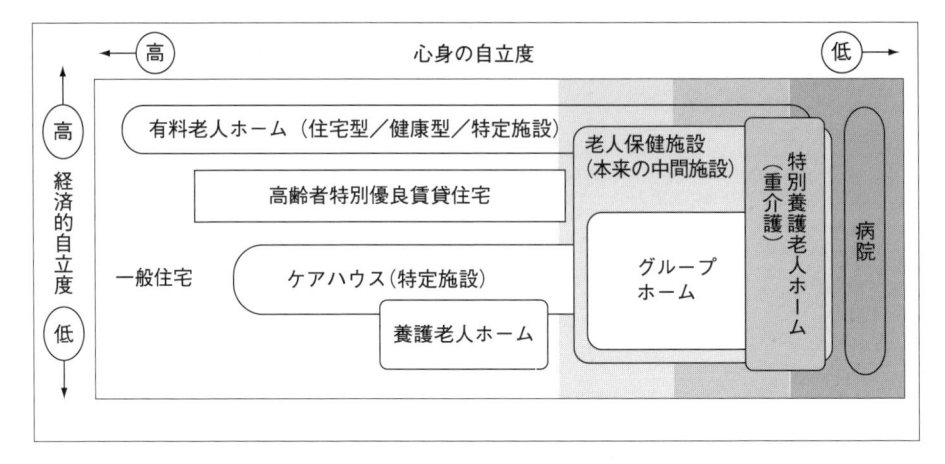

図 5・3　高齢者施設の類別マップ（身体の自立度と経済的自立度）

介護保険法の施行により，措置入所の制度も一部残しながら利用契約型へと大きく変わった。すなわち利用者に選ばれる施設となった。さらに後に述べる「老人短期入所施設」や「老人デイサービスセンター」を併設するケースも多く，高齢者福祉の拠点としての役割が重要である。

また平成15年にはいわゆる「新型特養」として「小規模生活単位型特別養護老人ホーム」が位置づけられ，個室を少人数のユニットとして運営し，入所者，職員お互いが顔見知りとなり，より「すまい」に近く個別介護が可能となってきた。

(b)　老人短期入所施設
　　　（短期入所生活介護）

〔社会福祉法人等〕

家庭での介護に変わって短期間，要介護者を入所させる施設。介護する家族の負担を軽減する大きな味方となる。特別養護老人ホームに併設する場合が多く，介護の内容も特別養護老人ホームに準じる。1カ月30日までが限度とされている。

(c)　養護老人ホーム

〔都道府県，市町村，社会福祉法人〕

65歳以上の者であって，身体上または精神上または環境上の理由および経済的な理由により居宅での生活が困難な者を入居させ，日常生活上必要なサービスを提供する施設。平成5年より措置の権限は都道府県から市町村に移譲された措置施設である。介護保険サービスとの関連づけがなされていないので，今後の位置づけが課題となる。

(d)　軽費老人ホームA型

〔地方公共団体，社会福祉法人〕

原則として60歳以上の者であって，基本利用料の2倍相当程度の収入しかないもので，身寄りのない者，家庭の事情などによって家族と同居が困難な者を対象としており，給食サービスがある。

(e)　軽費老人ホームB型

60歳以上の者であって，家庭環境，住宅事情等の理由により居宅において生活するこ

とが困難な者を低額な料金で利用させる施設で，自炊が原則となる。

(f) 軽費老人ホームB型／ケアハウス
　　　（介護利用型軽費老人ホーム）

〔社団法人，財団法人，医療法人，社会福祉法人等〕

60歳以上の者または60歳以上の配偶者を有する者で，身体機能の低下や独立して生活を営むには不安のある者が対象となっている。

施設の設備や構造は老人の身体機能に合わせた工夫がされ，プライバシーの尊重や自立した生活が継続できる構造となっている。つまり，各居室にトイレ，浴室またはシャワー室，台所が設置されており，食事は各居室での自炊も可能であるし，給食サービスも選択できる。入浴についても共同の浴室が別に用意されている場合が多い。

以上に示した，軽費老人ホームの3類型は，介護保険の外部サービスおよび「特定施設入居者介護事業」の許可を取れば内部での介護保険サービスが可能となる。入居費用については，本人の所得に応じて増減する仕組みとなっている。

(g) 生活支援ハウス

〔地方公共団体，社会福祉法人〕

過疎地，離島，山村等の指定市長村の65歳以上の独居や要介護高齢者向けの介護支援，安心できる住まいおよび地域住民との交流の機能を総合的に備えた小規模の複合施設。特に豪雪地方の山村では冬季利用が行われている。また都市部での適用も考えられている。

(h) グループホーム
　　　（痴呆対応型共同生活介護）

〔社会福祉法人，医療法人，NPO法人，民間法人〕

身辺の自立ができる認知症高齢者を対象に，家庭的な環境のもとで入浴，排泄，食事等日常生活上の世話，および機能訓練を行うサービスである。介護保険では居宅サービスに位置づけられている。定員は5〜9名で居室は個室が原則となり，相互交流ができる場所，居間などを用意している。食事は利用者と職員が共同で調理したり，金銭管理や生活指導などを行い，利用者が安心して暮らせるようにしている。

(2) 通所型介護施設の種類

(a) 老人デイサービスセンター
　　　（通所介護事業所）

〔社会福祉法人，医療法人JA，生協，民間法人〕

在宅高齢者を日中通所させ，入浴・食事の世話や提供，機能訓練などで利用者の心身機能の維持と社会的孤立感の解消，家族の身体的精神的な負担の軽減を図る。送迎サービスも必要に応じて行う。

(b) 有料老人ホーム

民間による多様なニーズに応えた高齢者居住施設である。ただし消費者の不安やリスクをなくすため，行政サイドがガイドラインを提示し，届出制をとっている（介護保険制度の導入にともなってここで介護保険を利用す

介護保険と住宅施策が融合した形として「居住系介護サービス」である特定施設について，その対象が拡大されるとともに，「外部サービス利用型特定施設入所者生活介護」が創設され，サービス提供形態の多様化がなされる。また，有料老人ホームは人数要件が廃止され，一時金保全措置の義務化等が図られている。

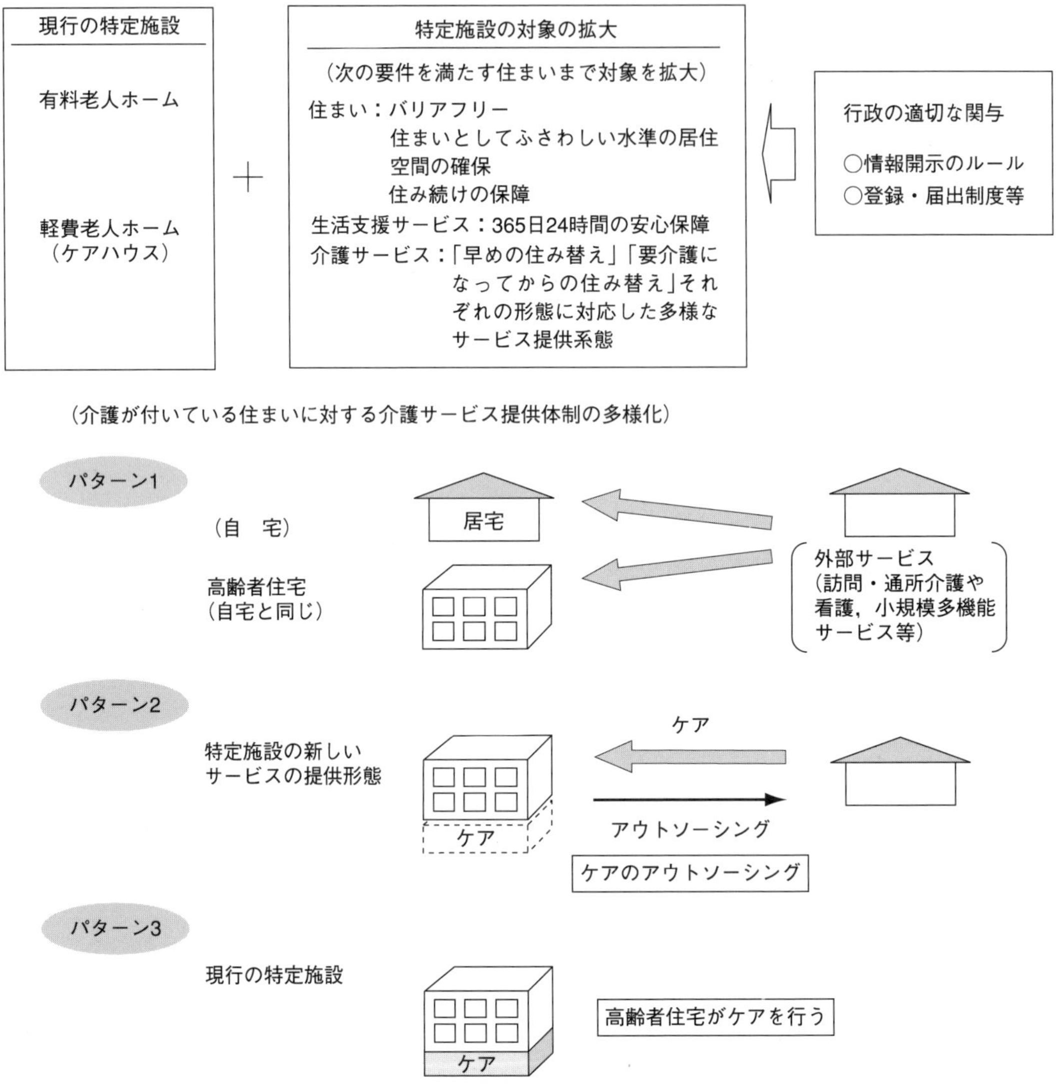

現行の特定施設		特定施設の対象の拡大		行政の適切な関与
有料老人ホーム 軽費老人ホーム （ケアハウス）	＋	（次の要件を満たす住まいまで対象を拡大） 住まい：バリアフリー 　　　　住まいとしてふさわしい水準の居住 　　　　空間の確保 　　　　住み続けの保障 生活支援サービス：365日24時間の安心保障 介護サービス：「早めの住み替え」「要介護に 　　　　なってからの住み替え」それ 　　　　ぞれの形態に対応した多様な 　　　　サービス提供系態	⇐	○情報開示のルール ○登録・届出制度等

（介護が付いている住まいに対する介護サービス提供体制の多様化）

パターン1　（自宅）　居宅　← 外部サービス
　　　　　高齢者住宅　　　　（訪問・通所介護や
　　　　　（自宅と同じ）　　　看護，小規模多機能
　　　　　　　　　　　　　　　サービス等）

パターン2　特定施設の新しい　　ケア　←
　　　　　サービスの提供形態　　アウトソーシング →
　　　　　　　　　　　　　　ケアのアウトソーシング

パターン3　現行の特定施設　　　高齢者住宅がケアを行う

図5・4　高齢者の「福祉と居住」について今後の展開(1)

るためには，その施設が特定施設入所者生活介護事業所として指定を受ける必要がある）。サービス内容や施設，居室の大きさおよび費用については施設により大きく異なる。またサービス内容により以下の4つの類型がある。

① 住宅型
② 健康型
③ 介護付（一般特定施設入居者の生活介護）
④ 介護付（外部サービス利用型特定施設入居者の生活介護）

介護老人保健施設，介護療養型医療施設についてはより医療施設に近いものとして，ここでは言及しない。高齢化に対応するため「福祉と居住」についての今後の展開を図5・

認知症高齢者や高齢者世帯の増加に対応し，こうした方々の住み慣れた地域での生活が継続できるよう，「地域密着型サービス」の体系が2006年度より新たに創設された。住宅での支援から施設介護まで連続的かつ複合的に機能し，また今後の需要に対して分散配置されるのもねらいである。
　◎地域密着型サービスに含まれるもの
　　◇小規模（定員30人未満）介護老人福祉施設
　　◇小規模（定員30人未満）で介護専用型の特定施設
　　◇認知症高齢者グループホーム
　　◇認知症高齢者専用デイサービス
　　◇小規模多機能型居宅介護
　　◇地域夜間訪問介護

■小規模多機能型居宅介護のイメージ

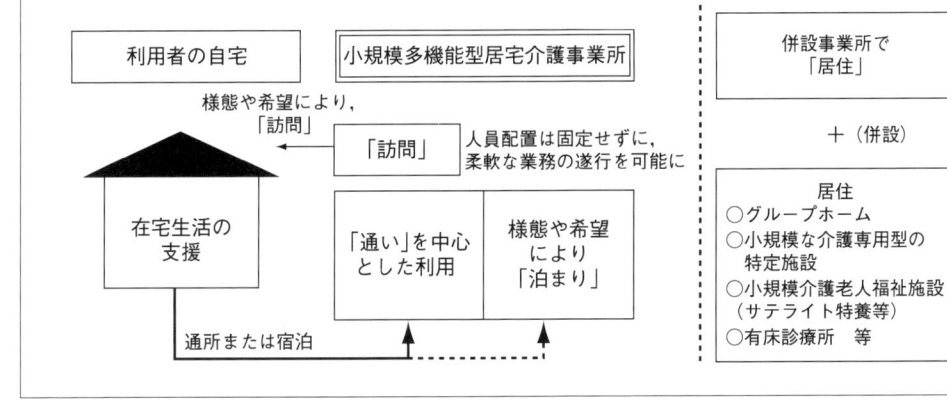

図5・5　高齢者の「福祉と居住」について今後の展開(2)

4，図5・5に紹介する。

　なお，「居住」機能については，小規模多機能型居宅介護の定義には含まれておらず，小規模多機能型居宅介護事業所に認知症高齢者グループホーム等を併設することにより対応することとなる。その際には，小規模多機能型居宅介護事業所と連続的，一体的なサービス提供を行うことが求められる。

　なお，具体的には
① 「居住」機能を担う併設事業所は，認知症高齢者グループホーム，小規模な介護専用型の特定施設，小規模な介護老人福祉施設（特養のサテライトである「サテライト型居住施設」を含む），有床診療所等に限定される。
② 当該併設事業所を利用する者は，原則として，併設されている小規模多機能型居宅介護事業所でのサービスを一定期間継続して利用していた者に限定される。

5-3　施設の居住空間

　福祉施設における生活とその空間デザインのポイントを整理する。すべての空間において身体の衰えに対する配慮が必要なのはいうまでもないが，より一般の「すまい」に近く，なおかつ感性に訴える空間づくりがポイントとなる。また「プライバシーの確保」と「孤独ではない＝みんなと一緒」のバランスが重要となる。

① 〔食べる〕
　1人で食べる，2人で食べる，何人で食べると楽しいか。高齢になると生活そのものが

単調となりがちである。その中での大きな楽しみの1つが食事であろう。美味しく食事ができることは前向きに生きる証し。施設においては食事の場を楽しい空間にしつらえる工夫が必要となる。朝のさわやかな光と風，昼の明るさ，夕餉(ゆうげ)の落ち着きと華やぎが食事に色を添えるであろう。

② 〔寝る〕

　人生の3分の1は寝る時間，昼に活動して，夜は安心してぐっすり寝る。そのためには慣れ親しんだ自分だけの空間，つまりプライベート空間として自宅に近いしつらえが可能なようにしたい。棚や飾り付けをする壁面を用意したり，可能なら，自宅で使っていたタンスなどの家具を持ち込む場を用意したい。またプライバシーの確保，静けさ，明るさの調整が可能となるようにしたい。

③ 〔浴びる〕

　日本人の楽しみの1つに「入浴」がある。温泉でなくても，温浴効果と身体を清潔に保つ効用がある。自立度の高い施設においては気持ちのよい広い浴室が喜ばれる。一方，入浴介護が必要となると福祉機器の助けも必要となる。施設の性格により浴室の組合せが必要となる。

④ 〔遊ぶ〕

　オランダの文化史家ホイジンガの言葉に「ホモルーデンス」＝「遊ぶ人」という論がある。1日何をして過ごすか？　遊びは「文化」そのもの，「生き甲斐」ともなるはずだ。身体を動かし，頭を使うそのための空間が必要，内部だけではなく外部空間も積極的に取り込めるのではないか。

　以下に主な施設の居住空間の基準とその空間づくりのポイントを示す。なお各部位については第2章，第4章を参照されたい。

図5・6　食堂

図5・7　居室

図5・8　大浴室

図5・9　談話室

(1) 特別養護老人ホーム

長い歴史を持つ施設類型であるが，介護保険上の中心的な施設になるとともに個室型として平成15年には「小規模生活単位型特別養護老人ホーム」として位置づけられた。施設基準としては従来型も制度上残っているので表5・1に併記した。

この表に加えて既存の改修を前提とした「一部小規模生活単位型特別養護老人ホーム」も制度化されている。また新築の場合には，①安らぎの効果を得るため内装に木材を活用すること，②住み慣れた住民の地域内に立地すること，③ユニットを超えた交流空間を設けること，などが行政の誘導策となっている。

図5・10の写真にあるように，外部にバルコニーをつけるのが望ましい。安全上また窓を下までつけることが可能となり，採光条件がよくなる。

共用空間は居室（住戸）に近く構成し，たたみ敷の空間などは生活に変化をつけるしかけとする（図5・11）。

表5・1 主要施設の基準と要点

	従来型	小規模生活単位型
1居室の定員	4人以下	1人（必要と認められる場合は2人）
1人当り居室面積	10.65 m² 以上（洗面所，便所を除く，内法有効面積）個室の場合は12.85 m² 以上	13.2 m² 以上（洗面設備を含み，便所を除く，内法有効面積）2人室の場合は21.3 m² 以上
所要室	・居室〔地階は不可〕 ・静養室（介護職員室または看護職員室に近接，10.65 m² 以上） ・食堂（機能訓練室との合計面積が入所者1人当り3 m² 以上） ・洗面設備（居室のある階ごとに設置） ・便所（居室のある階ごとに居室に近接して設置） ・浴室（要介護者が入浴するのに適したもの） ・医務室 ・調理室 ・介護職員室 ・看護職員室 ・機能訓練室（食堂と兼用でもよい） ・面談室 ・洗濯室または洗濯場 ・汚物処理室 ・介護材料室 ・事務室その他運営上必要な設備 ・廊下　片廊下内法1.8 m 以上，中廊下2.7 m 以上（手すりを含む）	・居室〔ユニットとして一体的に配置する〕 ・共同生活室（ユニット入居定員1人当り2 m² 以上） ・洗面設備，便所（居室ごとに設けるのが望ましい。共同生活室ごとに適当数分散しても可） ・浴室（要介護者が入浴するのに適したもの，居室のある階ごとに設けることが望ましい） ・医務室 ・調理室 ・洗濯室または洗濯場 ・汚物処理室 ・介護材料室 ・事務室その他運営上必要な設備 ・廊下　片廊下内法1.8 m 以上，中廊下2.7 m 以上（手すりを含む）廊下の一部を拡張することにより，入居者，職員等の円滑な往来に支障が生じない場合には，片廊下内法1.5 m，中廊下内法1.8 m 以上

図5・10 外観の事例

図5・11 談話コーナー

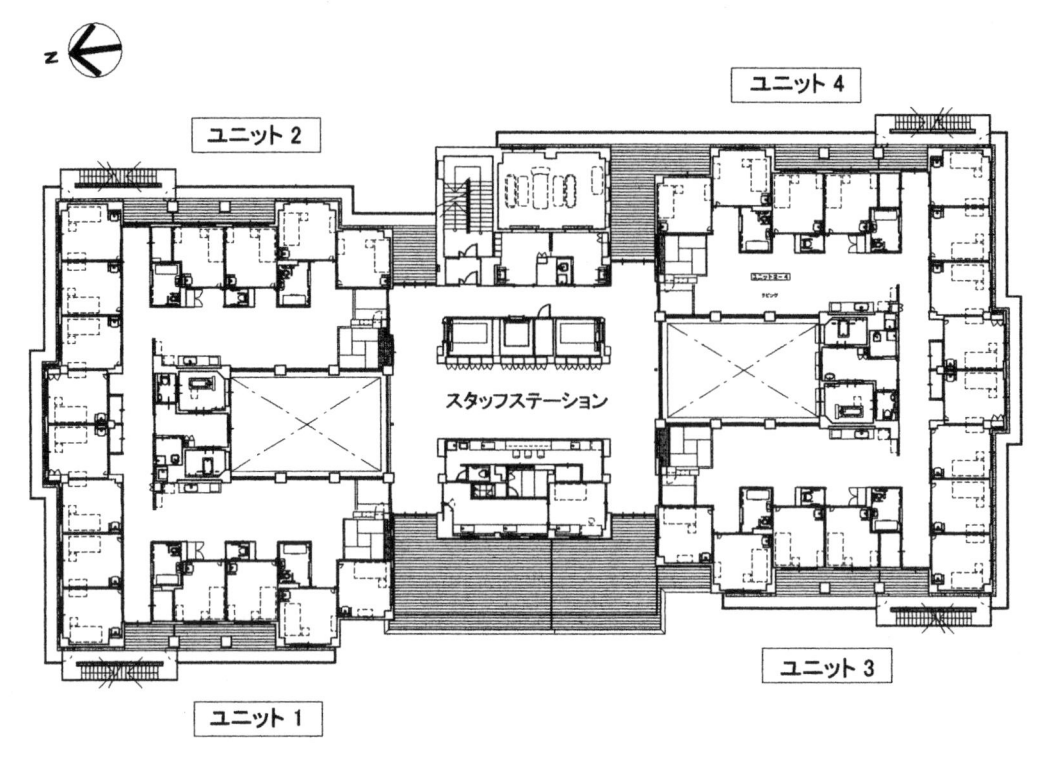

図5・12　居室階平面図（旭川荘敬老園）（1：500）（設計：㈱倉森建築設計事務所）

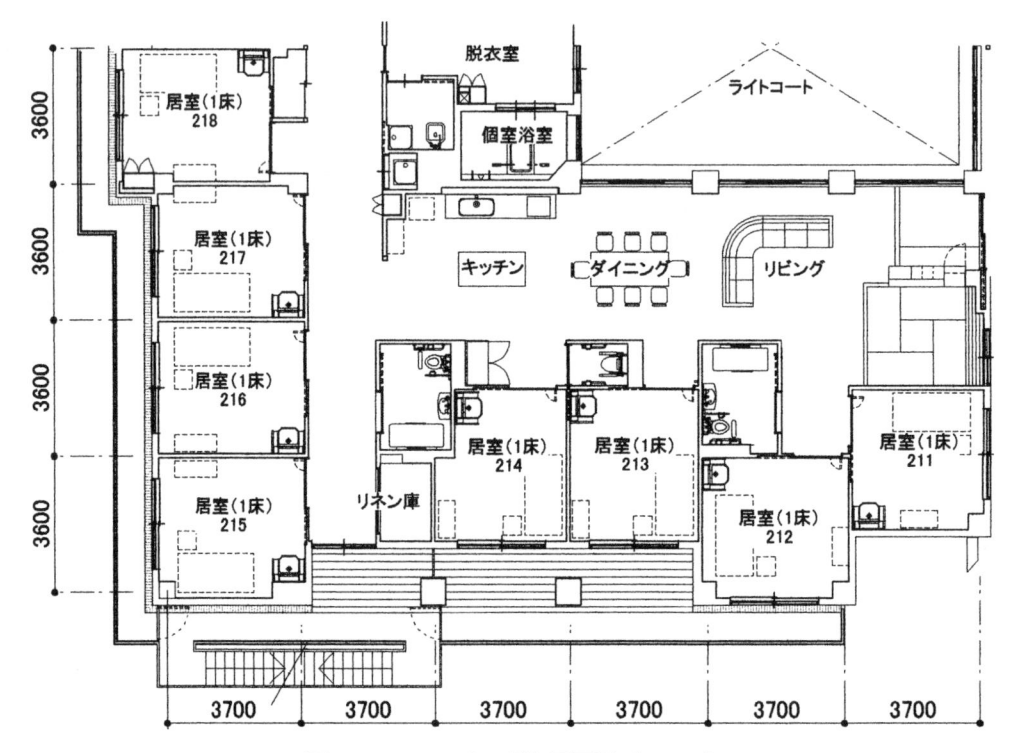

図5・13　ユニット1詳細平面図（1：200）

(2) 養護老人ホーム

自立度の高い高齢者であるがホーム内での事故を防ぎたい。わかりやすい平面計画や段差はもちろん，照明や色彩計画にも配慮したい。居室を和室にするか洋室にするかはまだ議論の残るところである。

表 5・2 基準値と要点

所要室*	・居室：地階に設けてはならない。入所者1人当りの床面積は，収納設備等を除き，3.3 m² 以上とすること，1以上の出入口は，避難上有効な空地，廊下または広間に直接面して設けること。入所者の寝具および身の周り品を各人別に収納することができる収納設備を設ける。 ・静養室：医務室または介護職員室に近接して設けること。原則として1階に設け，寝台またはこれに代わる設備を備える。また居室と同じ避難，収納設備を要する。 ・洗面所：居室のある階ごとに設ける。 ・トイレ：居室のある階ごとに男子用と女子用を別に設ける。 ・医務室：入所者を診療するために必要な医薬品，衛生材料および医療機械器具を備えるほか，必要に応じて臨床検査設備を設ける。 ・調理室：火気を使用する部分は，不燃材料を用いる。 ・介護職員室：居室のある階ごとに居室に近接して設ける。 ・廊下の幅は，1.35 m 以上とする。ただし，中廊下の幅は，1.8 m 以上とすること。 ・廊下，トイレその他必要な場所に常夜灯を設ける。 ・階段の傾斜は，緩やかにする。 ・面接室 ・洗濯室または洗濯場 ・汚物処理室 ・霊安室

* ただし他の社会福祉施設等の設備を利用することにより，施設の効果的な運営を期待することができる場合，入所者の処遇に支障がないときは，設備の一部を設けないことができる。

図 5・14 居室例（和風の洋室）

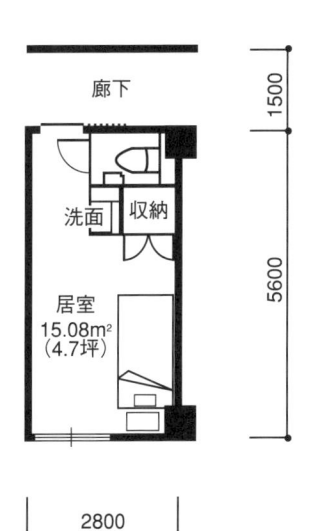

図 5・15 個室平面図

(3) 軽費老人ホームB型（ケアハウス）

自立度の高い高齢者の施設として，また自室での自主的な生活が充実するよう，面積にゆとりがありさらに基本的な独立生活が可能となるよう，トイレ，浴室（シャワーの場合もある），調理，収納などが整っている。和室とするか洋室とするかは，地域性や入居者の自立度によって選択される。**表5・3**に示す基準は新型ケアハウス（＝ユニットケアを行い，かつ特定施設入所者生活介護の指定を受けたもの）を中心に記す。

表5・3　基準値と要点

居室定員	1人または2人室（夫婦用）
1人当り基準面積	39.6 m²
1人当り居室面積	15.63 m²（収納スペース，洗面所等を除いた有効面積は13.20 m²以上）夫婦用23.45 m²以上　ただし，10人程度のユニットとしての共有の談話・娯楽・集会室および食堂として使用することが可能な部屋〔共同生活室〕を居室に近接して構成する場合に限る。
所要室	・居室：洗面所，収納スペースを設ける。 ・共同生活室：居室に便所，簡易な調理設備を設けることに代えて共同生活室ごとに便所，簡易な調理設備を適当数設けることでもかまわない。 ・浴室 ・洗面所 ・便所 ・調理室 ・事務，介護職員，会議室 ・宿直室 ・相談室 ・洗濯室 ・機能訓練室 ・廊下（車いすでの移動が可能なスペースと構造を確保）

図5・16　談話室例

図5・17　居室例

(4) デイサービスセンター

独立した施設や特別養護老人ホームなどの福祉施設に併設される場合がある。食事を行うデイルームが中心となるが浴室，便所や調理室といった「動」の空間と「落ち着き」が必要なデイルームとの平面計画上の工夫が必要となる。デイルームでは食事，機能訓練，レクリエーションなど多目的な用途があるのでフレキシブルな空間としたい。畳のスペースも喜ばれる。浴室にはシャワーコーナー，個浴槽，介護浴槽など介護度に応じた設備機器とプライバシーに配慮した動線計画が必要となる。トイレも男子小用，洋式便器，車いす対応とバリエーションが望ましい。車での送迎が大部分を占めるので，できるだけ大きな玄関庇が雨の日に有効となる。

表 5・4 基準値と要点

	内　容
所要室	・食堂 ・機能訓練室 　食堂と機能訓練室を合計した面積が 1 人当り 3 m^2 以上（内法有効面積）であること。食堂と機能訓練室は兼用可。 ・静養室 　利用者が一時的に休養できるようベッドを用意する。 ・相談室 　遮蔽物を設置するなど相談の内容が漏洩しない配慮をすること。 ・事務室 ・その他 　浴室：介護可能な浴槽が必要 　便所：車いす対応 　調理室：外部委託も可能であるが，内部でつくるなら調理機器を用意する。

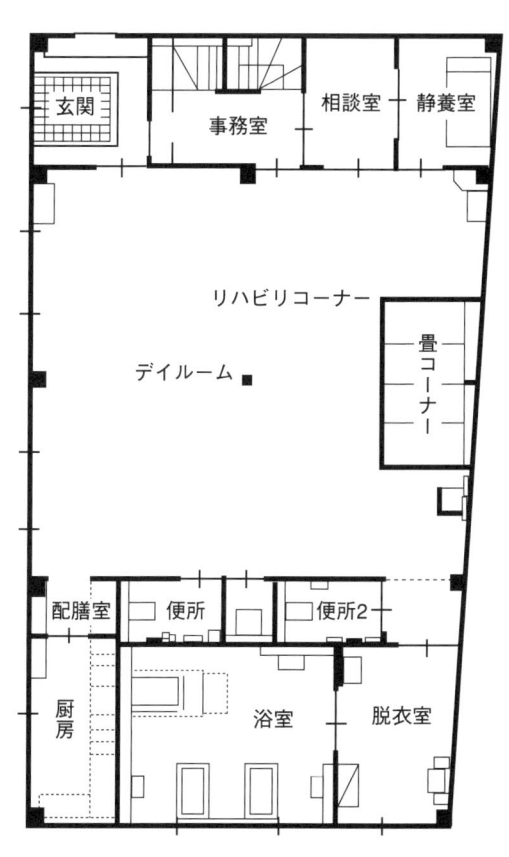

図 5・18　デイサービスセンター

(5) 有料老人ホーム

高齢者に配慮されたマンションに食事や介護等の各種生活サービス機能がついたものである。

4つの類型により、また立地条件と設立コンセプトにより空間づくりのねらいと大きさが違ってくる。居室（住戸）スペースは、1人用または2人用で大きさは25～70 m²くらいまで幅広くある。健康型、住宅型は生活を積極的に楽しむ姿勢で居室、共用部ともに充実したホテルライクな施設内容が求められ、ビデオ鑑賞やカラオケルームなどの趣味の部屋、リゾート型ではプールやテニスコートのような運動スペースを備える場合もある。一方、介護型は生活支援、介護に重きをおいた施設づくりとなる。介護保険導入後、都市部では介護中心の有料老人ホームが特別養護老人ホームを補完する施設となっている。

図5・20　ラウンジ例

図5・21　住戸居室例

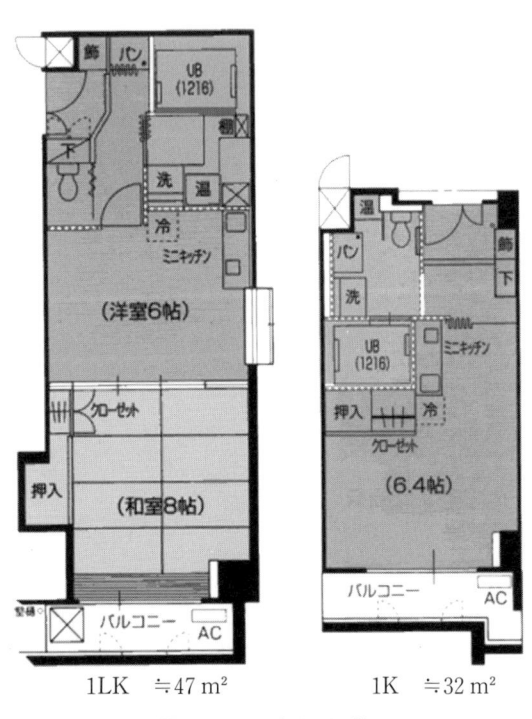

1LK ≒ 47 m²　　1K ≒ 32 m²

図5・19　居室タイプ例

5-4　施設福祉から在宅福祉へ

高齢になったらどこに住みたいか？　というアンケートには、当然のことながら「住み慣れた町、住み慣れた家、そこに家族や知人が近くにいる」というのが理想であろう。

できるだけ長く自宅にて生活できるよう、人的、設備的に援助できる体制が介護保険の制定後整ってきた。「訪問介護」「通所介護」「住宅改修」などの介護保険の利用、「訪問医療」「訪問看護」などの医療保険分野のサポート、ボランティアや民間企業による食事の「宅配サービス」、自治体や警備会社による「安否確認や緊急通報サービス」など、日常生活すべてをサポートする体制が整いつつあ

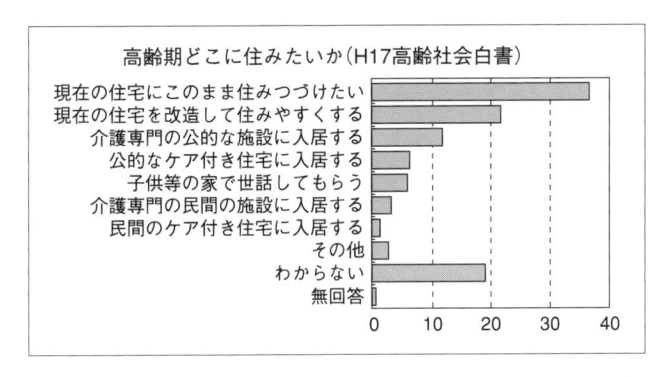

図 5・22　高齢期の住まい方ニーズ（介護サービスの利用状況）

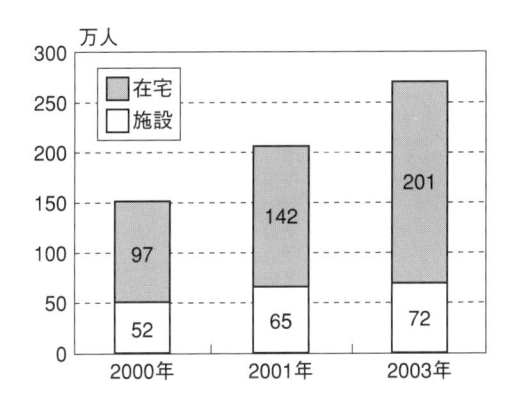

図 5・23　介護サービスの利用状況

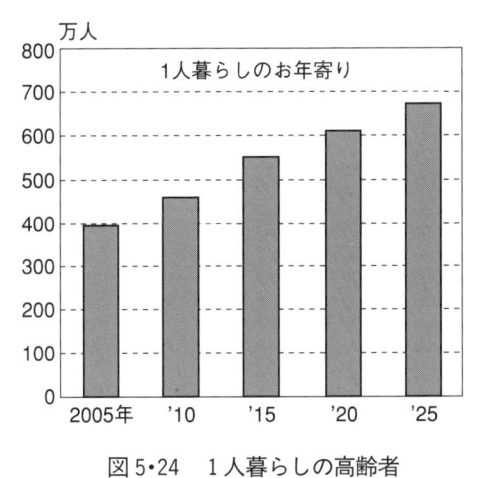

図 5・24　1人暮らしの高齢者

る。ただし住宅改修にはかなりの資金が必要な場合があり、在宅での介護を難しくしている（図 5・23）。

適切な改修を支援する仕組みや次節に述べる各種の福祉住宅などに住み替える選択もある。資金面のサポートとしてはビアージェや信託方式など自宅を資金として運用するやり方もはじめられている。高齢になっての1人暮らしは健康、生活面での不安が募る。グループやサポート体制の整備された集合住宅で「気の合う仲間と住みたい！」、これらの要求は今後とも増えるであろう（図 5・24，5・25）。

5-5　福祉住宅の類型的発展

高齢者または高齢期を先取りして、いろいろなニーズに基づきさまざまな機能を持つ施設や住まいがある。それらの中には法的根拠に基づかない自然発生的な施設や住まいも生まれてきている。

ここでは表 5・5 の各分類にしたがって住宅の機能について整理した。

(1) グループハウス

グループハウスは文字通り、何人かのグループで住む家。厳密な定義はないが、1人暮らしの高齢者が多くなってきているわが国では、高齢者が自立しつつ安心して住める形態

表5・5 高齢者用住宅の機能・設備・サービス比較

	事業者	補助金	戸別玄関	食堂	居間	便所・洗面	浴室	個室	共用	サービス	バリアフリー
高齢者向け優良住宅	公・民	家賃補助	○	○	○	○	○	○	?	緊急対応ライフサポート*	△
シルバーハウジング	公・民	—	○	○	○	○	○	○	相談室	緊急対応ライフサポート	△
シェアードハウス	—	—	□	□	□	□	□	○			
コレクティブハウジング	公・民	—	○	○	○	○	○	○	食堂・洗濯室・図書室・庭・子ども室・ゲスト	ライフサポート	
グループハウス*1（グループリビング）	公・民	—	△	△	△	△	△	○	居間・浴室	共同化	
グループホーム	公・医・社民	○	—	□	□	△	□	○		介護サービス	
有料老人ホーム	民・社	—	△	○	○	○	○	○	浴室・ジム・娯楽室	食事 介護サービス	△
ケアハウス	NPO・民・公・社・医	家賃補助	△	△	△	○	△	○	浴室・食堂・居間	食事	△

凡例：□共用，○個室，△個室＋共用
* ライフサポートアドバイザー（LSA）：シルバーハウジング・プロジェクトとして供給される住宅（以下「シルバーハウジング」という）に居住している高齢者に対し，必要に応じ生活指導・相談，安否の確認，一時的な家事援助，緊急時対応等のサービスを行う者。高齢者優良賃貸住宅，コレクティブハウジングでも同様の制度がある。

として注目を集めている。グループリビングとよぶこともある。厚生労働省では，1996～99年までモデル的に高齢者が互いに生活を共同化，合理化して合同で居住する形態（グループリビング）を支援するモデル事業を行い，2000年度から介護予防・生活支援事業の中に高齢者共同生活支援事業として位置づけている。

(2) シェアードハウス

シェアードハウスとは，数人がそれぞれプライバシーのある個室をもち，他の住宅機能を共用しながら住む家のこと。シェアードハウスは欧米では学生や若者の経済的な住まい方として一般的であり，単身の高齢期を安心して住むためにハウスメートを募って自宅をシェアードハウスにすることもある。日本でも必ずしも血縁にこだわらず，同じ目的をもつ仲間や，高齢期は気の合う仲間で住みたいという人たちが増えてきている。

(3) コレクティブハウジング

集合住宅においてプライバシーの保たれた個人の住宅部分とは別に，ダイニングキッチ

ン・リビングなど，居住者同士が交流し，支え合う協同の空間を備えた住宅である。食堂，洗濯室，図書室，庭，子ども部屋，ゲストルームなどを居住者の希望で組み込むことができる。各住戸面積の 10～15 % を供出する形で成立させている。規模はそれぞれの住人の顔がわかる範囲として 30 戸程度が限界であろう。

もともとは北欧で生まれた居住形態で，日本では兵庫県がはじめて阪神・淡路大震災後，公営住宅のコレクティブハウジングを完成させた。現在，民間では NPO 法人などが入居希望者を募集して実施している。

高齢者のみならず，子育て世代を含めた多世代が交流しながら，楽しく安心感のある暮らしの実現が目的となる。入居者の目的と意識が同じでないと難しい面がある。

(4) シルバーハウジング

シルバーハウジング・プロジェクトとして高齢者世帯および障害者世帯を対象にした公的賃貸住宅である。住宅の供給は国土交通省が所管し，福祉サービスの提供は厚生労働省が所管するものである。

高齢者および障害者の身体特性に配慮した住宅であるのはもちろんであるが，ライフサポートアドバイザーという生活援助員による福祉サービスを供給するのが特色である。この生活援助員の派遣は「介護予防・地域支え合い事業」の一環となる高齢者住宅等安心確保のための支援事業として取り扱われている。

入居対象者は 60 歳以上の単身者，高齢者のみ世帯，高齢者夫婦世帯（いずれか一方が 60 歳以上）で一定の所得基準がある。住宅

表 5・6 優良賃貸住宅の設置基準

設置基準	・戸数が 5 戸以上であること 各戸の床面積が原則で 25 m² 以上であること。共同利用の場合は 18 m² 以上であること（共同利用とは，共用の居間，食堂，台所その他の共同部分，高齢者が共同で利用するものとして十分な面積を有する場合をいう）。

の要件は段差解消，手すり設置，緊急通報装置の設置等の仕様からなる集合住宅となる。開設者は地方公共団体，都市再生機構，住宅供給公社等。

(5) 高齢者向け優良賃貸住宅

国土交通省が主体となり，都道府県で民間等が行う賃貸住宅等を対象に建設費補助，家賃対策補助等を行う優良な賃貸住宅である。

住宅の内容は高齢者対応ということで，シルバーハウジング事業と同じようなバリアフリー対策などの内容であるのはもちろんであるが，戸数が 5 戸以上であること，各戸の床面積が原則で 25 m² 以上であること，共同利用の場合は 18 m² 以上であること（共同利用とは，共用の居間，食堂，台所その他の共同部分，高齢者が共同で利用するものとして十分な面積を有する場合をいう）という設置基準やサービスがある（**表 5・6**）。

参考文献・出典
1) 内閣府：高齢社会白書，平成 17 年版
2) 財団法人高齢者住宅財団：高齢社会の住まいと福祉データブック
3) 厚生労働省ホームページ

資料協力
1) ㈱倉森建築設計事務所
2) 有料老人ホーム　サン・オークス倉敷

第6章
児童福祉と空間デザイン

6-1 児童福祉と子育て空間

(1) 子育て空間へのまなざし

　子どもが，「小さな大人」ではないという発見から，「児童救済」の段階を終えて，高度経済成長とともに，女性の社会進出も一般的な傾向になり，働く女性の育児と就労の両立や子育て不安など養育環境への取組みは，「児童福祉」という考え方，必要性を重要な課題としてきた。

　さらに今日，わが国における少子高齢化は，社会全体の問題としてとらえなければならない状況にある。急速に変化する家族や地域社会の関係，子どもと家族の余暇時間の過ごし方，遊び空間や自然環境の喪失，防犯安全など地域社会とのかかわりの希薄さは，子どもの生活環境や知育の発達にもさまざまな影響を与えてきている。同時に「地域社会での子育て力」も低下してきている。

　「児童福祉法」は0歳から18歳未満の保護を要する「児童」を対象に，他の5つの福祉に関する法に先がけて制定された。児童福祉は，要保護児のみならず，一般児童も包含した育児支援や家庭外での遊び，文化創造などの環境整備までその対象を広げ，児童を中心に家庭や地域社会の形成に深くかかわっている。

　児童福祉の空間的なテーマとは，児童の健全な育成にかかわる，児童養護施設などの居住空間のあり方，保育所や児童館などの地域施設・地域環境の空間計画である。結局は標準的な子育て空間のあり方とその計画ということになる。

　ここでは，子どもを取り巻く環境，空間をどのように把握し理解するか，計画・デザインはどうあることが望ましいかという空間計画への視点を養うため，まず子どもの発達・成長段階についてとらえておくことにする。

(a) 子どもの発達段階

　心も身体も早いテンポで成長する子どもの身体寸法や運動能力，生活の様子をよく把握しておくことが基本となる。子どもの成長発達につれて靴や衣服のサイズも次々に大きくなるように，遊具や家具も次々に変わり，床や壁，部屋の大きさなど室内や外部空間についても，成長発達にともなう生活に対応させてゆくことが必要となる。

(b) 子どもの目線

床面から1.5mほどの高さから，周りを見ている私達大人は巨人である。小さな身体で床面に遊んでいる体感温度や，わずかな視点の高さから見る世界は全く異なる。目の高さ，視野，身体寸法，運動能力など子どもの発達段階をよく理解し，それに則した子どもの目線による空間のデザインが不可欠である。

(c) 子どもの居場所・生活の場づくり

日常生活を自分1人で完結させることができず，介助を必要とする段階から徐々に自立していく子どもの日常生活は，時には落ち着いた静かな環境で，時には伸び伸びと活動できる広々とした空間が与えられなければならない。福祉施設での生活も平日と祭日，日常と非日常，夏と冬などで彩られていて，子どもの居場所づくりの考え方は，住まいでの子ども部屋や居間と共通する。

こうした子どものための空間計画を立案・検討する際には，必ずしも子どものためだけに限定されない建築計画としての基本構成を考える必要がある。
① 日照・通風・採光，環境衛生・保健への配慮
② 防犯，防災・避難の実効性
③ 障壁，障害をつくらないユニバーサルデザインの反映
④ 用具・器具を含めた子どもの健康や生活にやさしい，サスティナブルな共生環境（持続的な環境形成）への取組みなどである。

(2) 子どもの成長・発達

多くの動物が誕生する映像を見ていると，出産後間もなく赤ちゃんが立ち上がり，動き出す様子に感動をおぼえる。人間の赤ちゃんは1年ほどの早産といわれるほど0歳，乳児の段階ではまだ動きまわれない。

児童福祉法では，「①乳児：満1歳に満たない者，②幼児：満1歳から小学校就学の始期に達するまでの者，③少年：小学校就学の始期から満18歳に達するまでの者」と定義している。しかし法の運用面では，保育現場などで通例となっている3歳未満児（0～2歳児）を乳児に含めている。ここでは3歳から就学前までを幼児と呼称する。

(a) 乳児期

乳児期の心身の発達は人生で最も急速に進展する。乳児初期は，反射的な視聴覚行動から，物をつかむ，いじるという行為が見られるようになり，徐々に周囲への関心や興味が広がる。1歳ころには，食事や午睡（昼寝）などが毎日ほぼ一定した時間に繰り返されることによって，生活がリズミカルになってくる。

2歳になると未熟ながらも目的に向かった行動能力を身につけるようになる。自我の芽ばえ，自己主張，感情のコントロールなど個としての成長は著しい。しかし日常生活や行為の多くはなお依存する段階にありながら，仲間を求め，ままごとなどの模倣遊びを通して自立できるようになる。

(b) 幼児期

3歳になるころから走ったり，飛び降りたり，三輪車に乗り降りするなど運動能力は向上し，身振り手振りに加えて会話の基礎が固まってくる。食事や排泄も自分でできるようになり，集団的な遊びを継続的に行うようにもなってくる。

(3) 児童福祉

(a) 児童福祉法とは

尊厳ある1人の人間として憲法で位置づけられる「児童」は，さらに児童福祉法，あるいは国連の「児童の権利に関する条約」では，「児童に関するすべての措置をとるに当っては…児童の最善の利益が主として考慮されるもの」として具体的で包括的な権利の尊重が担保されている。さらに児童福祉法の条文は次のように記している。「すべての国民は，児童が心身ともに健やかに生まれ且つ，育成されるよう努めなければならない」「国及び地方公共団体は，児童の保護者とともに，児童を心身ともに健やかに育成する責任を負う」。つまり児童の権利と国と地方公共団体，保護者の責任とが明確に示されている。

かつて，生計を維持するために共働きを必要とする家庭の幼児を「措置児」として入所対象としてきた保育所も，措置制度から子育て家庭一般への支援制度へと移行してきた。障害児福祉においても「障害」のケアに限定しない児童としての成長・発達を目指すノーマライゼーションの視点が求められている。入所型施設での家庭的な雰囲気，居場所づくりも趣旨は同様である。

このように児童福祉とは，「子どもの成長や発達を確かなものとし，そのための環境や要件の整備と保障を与えるための最善，不断の努力，活動」を指しているといえる。

(b) 児童福祉施設

児童福祉法は，児童の福祉を保障するための児童福祉施設として，次の14種類を定めている（法第7条）。

「助産施設，乳児院，母子生活支援施設，保育所，児童更正施設，児童養護施設，知的障害児施設，知的障害児通園施設，視覚聴覚障害児施設，肢体不自由児施設，重症心身障害児施設，情緒障害児短期治療施設，児童自立支援施設及び児童家庭支援センター」

今日では「自閉症児施設」や「肢体不自由児通園施設」など社会的ニーズに対応して，省令等の改正により20種類になっている。ここでいう「児童館」「児童遊園」も児童福祉施設の一種と位置づけられている（表6・1参照）。

これらの施設に共通する採光，換気，非常災害設備，衛生，保健などにかかわる「設備」や「運営」についての最低基準と，各施設ごとの最低基準が示されている。これも固定的でなく，たとえば保育所の職員配置数が保育士1人に乳児6人が3人に，児童養護施設等での児童1人当り居室面積が$2.47 m^2$から$3.3 m^2$（1坪）になるなどの改訂が行われた。基準はあくまで最低値であり，これを超えることが不可欠ではあるが，多くの補助や助成はこの値に沿っていることから，基準値ぎりぎりの施設もあり，施設利用関係者のニーズに応えるにはきわめて不十分な段階にあるといわざるをえないのである。

表6・1　児童福祉施設の目的・対象者等の一覧

施設の種類	種別	入(通)所・利用別	設置主体	施設の目的と対象者
児童福祉施設 助産施設 (児福法36条)	第2種	入所	都道府県 市町村　届出 社会福祉法人 その他の者　認可	保健上必要があるにもかかわらず、経済的理由により入院助産を受けることができない妊産婦を入所させて、助産を受けさせる
乳児院 (児福法37条)	第1種	入所	同上	乳児を入院させて、これを養育する
母子生活支援施設 (児福法38条)	第1種	入所	同上	配偶者のない女子又はこれに準ずる事情にある女子及びその者の監護すべき児童を入所させて、これらの者を保護するとともに、これらの者の自立の促進のためにその生活を支援する
保育所 (児福法39条)	第2種	通所	同上	日日保護者の委託を受けて、保育に欠けるその乳児又は幼児を保育する
児童養護施設 (児福法41条)	第1種	入所	同上	乳児を除いて、保護者のない児童、虐待されている児童その他環境上養護を要する児童を入所させて、これを養護し、あわせてその自立を支援する
知的障害児施設 (児福法42条)	第1種	入所	国・都道府県 市町村　届出 社会福祉法人 その他の者　認可	知的障害のある児童を入所させて、これを保護するとともに、独立自活に必要な知識技術を与える
自閉症児施設 (児福法42条,昭23.12.29厚令63号)	第1種	入所	都道府県 市町村　届出 社会福祉法人 その他の者　認可	自閉症を主たる病状とする児童を入所させ、保護するとともに必要な治療、訓練等を行う
知的障害児通園施設 (児福法43条)	第1種	通所	同上	知的障害のある児童を日日保護者の下から通わせて、これを保護するとともに、独立自活に必要な知識技能を与える
盲児施設 (児福法43条の2)	第1種	入所	同上	盲児(強度の弱視児を含む)を入所させて、これを保護するとともに、独立自活に必要な指導又は援助を行う
ろうあ児施設 (児福法43条の2)	第1種	入所	同上	ろうあ児(強度の難聴児を含む)を入所させて、これを保護するとともに、独立自活に必要な指導又は援助を行う
難聴幼児通園施設 (児福法43条の2,昭23.12.29厚令63号)	第1種	通所	同上	強度の難聴の幼児を保護者の下から通わせて、指導訓練を行う
肢体不自由児施設 (児福法43条の3)	第1種	入所 通所	同上	上肢、下肢又は体幹の機能の障害のある児童を治療するとともに、独立自活に必要な知識技能を与える
肢体不自由児通園施設 (児福法43条の3,昭38.6.11発児122号)	第1種	通所	同上	通園によっても療育効果が得られる児童に対し、必要な療育を行い、もってこれら児童の福祉の増進を図る
肢体不自由児療養施設 (児福法43条の3,昭23.12.29厚令63号)	第1種	入所	同上	病院に入院することを要しない肢体不自由のある児童であって、家庭における養育が困難なものを入所させ、治療及び訓練を行う
重症心身障害児施設 (児福法43条の4)	第1種	入所	同上	重度の知的障害及び重度の肢体不自由が重複している児童を入所させて、これを保護するとともに、治療及び日常生活の指導をする

情緒障害児短期治療施設（児福法43条の5）	第1種	入所通所	同　　上	軽度の情緒障害を有する児童を短期間入所させ，又は保護者の下から通わせて，その情緒障害を治す
児童自立支援施設 （児福法44条）	第1種	入所	国・都道府県 市　町　村　｝届出 社会福祉法人 そ の 他 の 者　｝認可	不良行為をなし，又はなすおそれのある児童及び家庭環境その他の環境上の理由により生活指導等を要する児童を入所させ，又は保護者の下から通わせて，個々の児童の状況に応じて必要な指導を行い，その自立を支援する
児童家庭支援センター （児福法44条の2）	第2種	利用	都道府県 市　町　村　｝届出 社会福祉法人 そ の 他 の 者　｝認可	地域の児童の福祉に関する各般の問題につき，児童，母子家庭その他の家庭，地域住民その他からの相談に応じ，必要な助言，指導を行い，あわせて児童相談所，児童福祉施設等との連絡調整，援助を総合的に行う
児　童　館 （児福法40条，平2.8.7厚生省発児123号） （小 型 児 童 館） （児 童 セ ン タ ー） （大 型 児 童 館 A 型） （大 型 児 童 館 B 型） （大 型 児 童 館 C 型） （そ の 他 の 児 童 館）	第2種	利用	国・都道府県 市　町　村　｝届出 社会福祉法人 そ の 他 の 者　｝認可	屋内に集会室，遊戯室，図書館等必要な設備を設け，児童に健全な遊びを与えて，その健康を増進し，又は情操をゆたかにする
児　童　遊　園 （児福法40条）	第2種	利用	都道府県 市　町　村　｝届出 社会福祉法人 そ の 他 の 者　｝認可	屋外に広場，ブランコ等必要な設備を設け，児童に健全な遊びを与えて，その健康を増進し，又は情操をゆたかにする

＊「国民の福祉の動向」による。

各施設の利用形態から分類すると，①保育所など1日の一定時間に限って家庭養護の補完機能を果たす施設（通園型施設）②乳児院や児童養護施設のように家庭養護機能の代替を果たす児童の日々の生活の拠点となる居住施設（入所型施設と称される）③児童館のように，児童や家庭を特定しない施設（利用施設）とに大別される。

本章では，この3つのタイプの施設をとりあげ空間づくりの計画面を，①を6-2節で②を6-3節，③を6-4節で検討することにする。

6-2　保育所の計画

(1) 保育所の概要

(a) 保育所（園）とは

保育所とは「保育（保護し育てること）に欠ける」乳幼児を保育する児童福祉施設であり，多くの私立では保育園とよんでいる。基本は家庭保育の補完の場であり，家庭や地域社会との連携によって子どもの健全な心身の発達を図ることにある。

親の家庭外就労，保育困難な家庭内就労，親のいない家庭，病人の看護や母親の出産や病気，地震などによる家庭災害などを「保育

に欠ける」状況として，それを保育所の入所基準としている。しかし，子どもと親や家庭をめぐる社会環境は大きく変転し，施設保育は質的にも量的にも転換が求められている。

(b) 保育をめぐる情勢

保育所入所需要の増大は施設容量を超えて，数年来とりわけ乳児に集中した「待機児童」が大都市を中心に広がり，社会問題となっている。また就労形態が多様となり，早朝や夜間の延長保育や土・日曜保育なども多くの保育所で取り組んでいる。多くの自治体で，保育所認可の基準緩和や民間企業の参入を進めるなどの当面の対応策を講じつつある。許認可において，保育士の人員や，衛生・環境面など基準を満たさないものへの批判も多い。また，保育に欠ける児童だけでなく在宅での子育て家庭も含めて，地域の子ども達の成長を地域社会全体で支援することを目指した子育て支援センターも数多く設けられるようになってきている。

(c) 幼・保一元化に

一方，保育所は福祉の場，幼稚園は教育の場であるとしてきた保育所と幼稚園との区別の見直しが迫られてきた。幼稚園は，満3歳から就学前の幼児を保育し，心身の発達を促進する「学校教育法」上の教育施設である。待機児童問題ともかかわって3歳未満児の幼稚園受入れ，福祉と教育行政とを区画してきた行政の受入れ窓口の統合など，ことに3歳未満児をめぐる保育と教育の一元化ないし一体化が進められようとしている。

表6・2 保育所・幼稚園の在所児数，園児数と施設数

年度	保育所		幼稚園	
	在所児数	施設数	園児数	施設数
1990	1,723,775	22,703	2,007,964	15,076
1995	1,678,866	22,488	1,808,432	14,856
2000	1,904,067	22,199	1,773,682	14,451
2004	2,090,374	22,494	1,753,393	14,061

＊「社会福祉施設等調査」「学校基本調査」による。

(d) 保育所像の展開

幼・保一元化の流れは，2歳児までの保育所，3～5歳児対象の幼稚園という区切りをなくし，就学前の一貫した保育・教育を可能とする統合された「幼保園」の提案につらなっている。

小学校では，教師と児童だけの砦から脱却し，地域社会や環境とのつながりが重視されるようになってきた。保育所でも「保育所退所児童との交流」「老人福祉施設訪問等世代間交流事業」「地域における異年齢交流事業」「小学校低学年児童の受入れ」等々の地域社会の果たすべき課題も広がってきた。

(2) 保育所の計画

(a) 計画概要

保育所の空間計画は，敷地（園庭）の計画と園舎（建物）の計画に大きく分かれる。まず，敷地選定の基本的な諸条件をよく検討したうえで，園庭としての外部空間の計画と園舎の配置計画を進める。

(b) 敷地の選定

① 敷地条件
- 自然災害を受けない安全で安心な環境であること，万一の場合安全，円滑に避難できること
- 冬期に4時間以上の日照が確保できること
- 騒音や振動，空気汚染から守られること
- 敷地の形状は園舎（建物）の配置だけでなく，園庭の取り方，つくり方にも配慮しておくこと
- 特に北面への急勾配がないこと，雨水を排水しうる勾配であること
- 軟弱地盤でないこと，できれば樹木の生育にも適した土質が望ましい。

② 地域社会との関連

適度な通園距離や通園路の安全性や利便性さらには周辺の人達とのかかわり，子育てセンターや公園など他の地域施設との連携がうまく図れるような立地条件に恵まれるとよい。

(c) 敷地と園舎，規模計画

敷地の規模の算定は，保育所の運営理念や地域社会の需要，ニーズをどうとらえるかによる。

園児定員，乳幼児の比率やクラス編成，必要とする諸室，事業予算（建設時のイニシャルコストと管理，運営していくランニングコスト）などを考慮して全体の事業計画がたてられる。

園舎や園庭の計画に沿った必要面積が算出されるが，法で定める「最低基準」を十分検討しておくことが肝要である。

表 6・3 保育所最低設置基準

0～1歳児	・乳児室 ・ほふく室 （計	1.65／人 3.30／人 4.95／人）
2～5歳児	保育室または遊戯室	1.98 m²／人
	・屋外遊戯場	3.30 m²／人

＊ 屋外遊戯場は保育所の付近にある屋外遊戯場に代わるべき場所を含む。たとえば公園，広場，寺社境内等。

(d) 園舎と園庭，配置計画

まず敷地の規模や形状，勾配，方位と日照などの状況，および前面道路，隣接地や周辺環境の現状と動向などを検討する。ここから園舎・建物を敷地にどう置くか，内部空間としての園舎と外部空間である園庭（屋外遊戯場）とをどうつなげるか，園庭全体をどう空間構成するかといった点を考慮しつつ配置計画を行う。

(e) 施設空間の計画

保育施設，園舎は保育室ブロック，遊戯や集まりなどの多目的で共同利用の遊戯室（多目的ホール）と事務室などの管理・運営部門とで構成される。

① 保育室ブロック

発達段階の違いを大きく2つに分けて，保育室の計画を行う。3歳未満児の保育室のまとまり，これを年少児ブロックとよぶと，3歳児以上児の保育室のまとまり，年長児ブロックとの2つである。

② 年少児の保育室の空間計画

0～2歳児の保育は，授乳や排泄などの行為について常に個人的な介助を必要としながらも，日常生活の一定のリズムを獲得できる

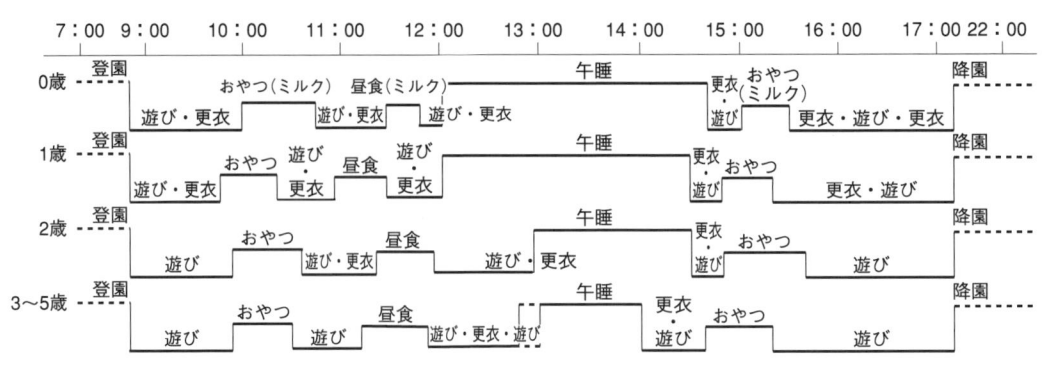

図6・1　C保育園の1日の生活の流れ

よう，集団的な生活の流れをつくるのが一般的である。1日の生活，介助行為の流れをデイリー・プログラムとよんでいる。基本的な流れは，登園→遊び→朝のおやつ（ミルク）→遊び→昼食（ミルク）→午睡→夕のおやつ（ミルク）→遊び→降園である。保育室は大きく4つのスペースで構成される（図6・1，図6・2参照）。

日当たりや風通し，安全で静かな園舎の中で最も条件のよい位置に配置したい。

午睡の場：6カ月未満児ではベッドを並べた寝室。見通せるガラスなどで仕切り，静かな専用の空間としたい。

食事の場：近年ゆとりのある保育室面積を確保するケースも増えてきて，午睡空間と食事空間を兼用せずに分離した空間計画ができるようになってきた。問題は，遊びから食事の準備→配膳→食事→排泄→着替え→午睡に移る流れと，その準備，後片づけという行動が，同一の空間で重ならないようにすることにある。これを解決するため，午睡の場と食事の場との間に食事の準備，後片づけという行動をスムーズに行うための遊びの場としても使える余裕空間を設けることである。この余裕空間は，食事を終了した子から順次，排泄→着替えを行う際の着替えの場ともなる。

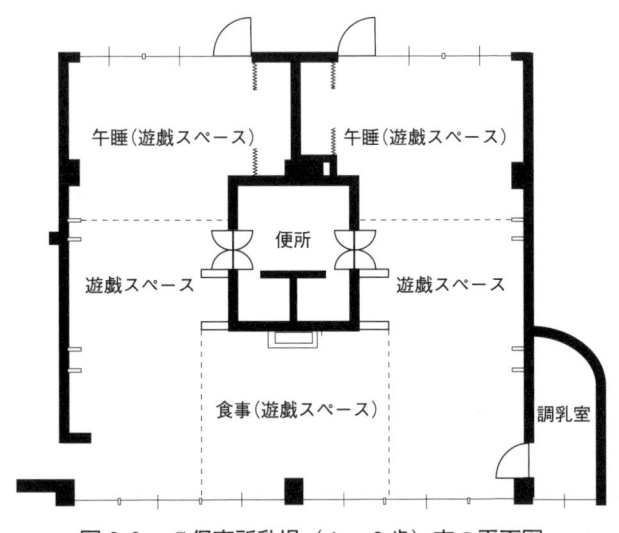

図6・2　G保育所乳児（1，2歳）室の平面図

遊びの場：腹ばい（ほふく），1人立ち，遊具や友達とのかかわりの中で活発な動きを見せるようになる遊びの場は，肌ざわりの良い，柔らかさも備えた床面の仕上げとする。また床暖房は最適である。食事の場と兼用となるが，午睡の場との緩衝の空間や余裕空間を生み出すような平面計画が肝要となる。また屋内だけでなく屋外とのつながりにも配慮すべきである。庇のあるウッドデッキなど夏の直射日光や降雨，冬の寒さをやわらげる屋内と連続している半屋外的なスペースを是非設けたい。

トイレ・手洗：おむつの交換や身体の清拭などを行う場所で，沐浴室と呼称される場合

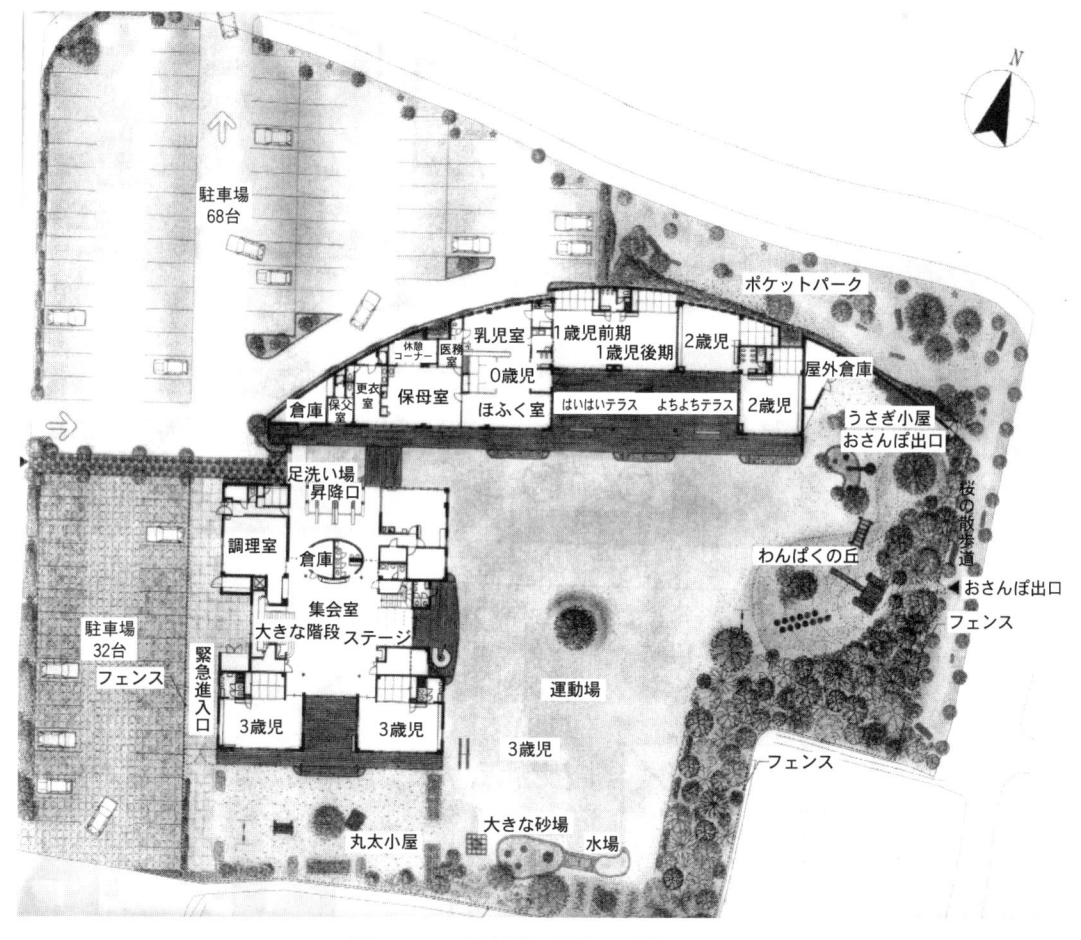

図 6・3　N保育園の配置，1階平面図

もある．自立できない段階も含めて，先の生活や介助の流れから，午睡と食事の場の緩衝空間に接する位置が好ましい．

③　年長児の保育室の空間計画

会話力も増え運動能力も発達し，食事や排泄などの日常生活が自立して，午睡の時間も短くなってくる．集団的な遊びも長時間継続できるようになる．デイリー・プログラムも遊びや自由時間が主となり，朝の集会や絵本の読み聞かせ，集団的で創造的な遊びが屋内外で展開される．

遊びの場・保育室：年少児と同様，1日の多くの時間を過ごす日常生活の場，集団生活の場となるように心がけることが肝要である．

相互にかかわりつつ，自主的で多様な遊びが身心を発達させる．生活の流れの連続性に配慮して，多人数ができる活動的な遊び，広々とした空間と読書のコーナー，1人遊びができる静かで落ち着いた空間（たとえば，可動家具によって部分的に仕切られたコーナー，家具を移動させて広さを工夫）などを検討したい．広い部屋の片隅などに入り込ませた小さく閉じられた空間をアルコーブといい，こうした空間を配置して保育室に変化を与えたい．遊具はもちろん，遊具を収納する家具や机，いすなどのデザインや材質も多様である．保育室の出入口脇に，机やいすを利

用して園児の作品や花を展示すると、やわらかなクラスの個性を演出できる。

クラス数が多い場合は発達段階に応じた年齢別クラス編成とするのが一般的である。しかし、少クラスの場合や異年齢集団による相互のかかわりでの意義に注目した混合年齢クラス編成も見られる。

④ 遊戯室（多目的ホール）

最も大きな空間であり、多目的に利用できる。入園式、卒園式、誕生会や七夕まつり、クリスマス会などの催しの主会場ともなる。大切なのはダイナミックな遊びや年齢を異にする集団での多様な交流や活動が、保育室など他の空間と連続的に展開できる、施設のセンター的空間とすることである。

⑤ 屋外空間・園庭

屋内空間と連なって外気と光、土や芝などに触れられる半屋外、屋外空間を一体とした空間構成も大切である。屋内空間と屋外とをつなぐテラス、デッキやバルコニーなどは下足に履替えなしで使えるようにしたい。

園庭は、伸び伸びと外遊びができるオープンなスペースとして大切な空間である。屋外遊具のスペースに加えて自然環境の形成にも配慮したい。土や緑、生き物に触れ、節くれ立ってがさがさしている、ぬるぬるするなどの体感や自然のもつ豊かさ、生命力や生命の尊さなど、五感を通した実体験を重ねることの大切さが認識されるようになってきた。園庭にもとからあった樹木を残しておくことや、子どもと保護者、園の職員が一体となって創った人工の池が、数年の後には水生植物や昆虫などの生息地となるビオトープづくりを進めている例も少なくない（図6・3）。

(3) 事例：英国・ライパーク保育園

郊外住宅地に位置する幼児小学校と併設の3、4歳児60人の保育園である。クラス編成は月齢で分けた10人の6グループをベースにし、次に3グループ（A、B、C）、2

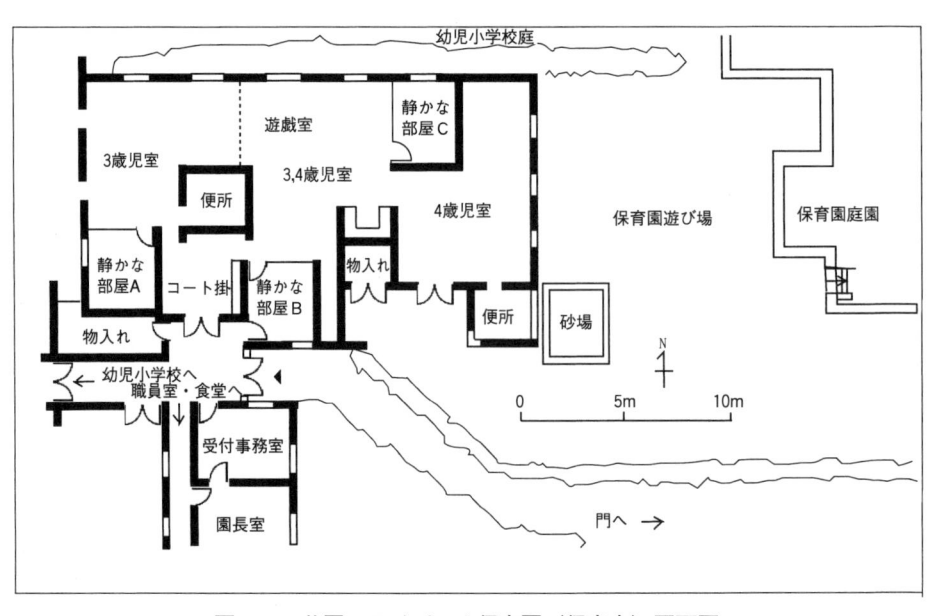

図6・4 英国・ライパーク保育園（保育室）平面図

図6・5　ライパーク保育園の保育室

グループ，全員という4段階で構成している。次々に4つのグループ単位を変えて遊びを展開させる点に特色がある。ほぼ同月齢のA，B，C 20人を教師・保育士・助手各1人が担当し，グループ担当のない教師1，保育士2がフリーに全体にかかわる。子ども集団を固定化せず，緩やかに変化させながらも友達のまとまりにも心を配ったシステムを保護者たちにアピールしている。

保育室は，3グループごとの「静かな部屋」と便所などで不整形に区画され，連続しているが全く形の異なる3つの保育空間で形成されている。静かな部屋は，本の読み聞かせやお話，少人数での静的な遊びに使われ，動的あるいは集団遊戯などが各保育室，遊戯室で展開される。床面は，絵具や水で汚れるスペースをリノリューム材，先生を囲んで丸く床座するスペースは絨毯，他は木製床の3種，壁面は展示作品で埋まっている。

屋外は舗装された遊び場，花壇のある庭園，小さなままごとのできる家，砂場などが配されている（図6・4，図6・5）。

6-3 乳児院・児童養護施設の計画

(1) 乳児院

(a) 乳児院とは

「乳児（保健上その他の理由により特に必要のある場合には，おおむね2歳未満の幼児を含む）を入院させて，養育」し「乳児の健全な発育を促進し，その人格の形成に資すること」を目的とする施設であり，無事に家族に戻れることを目指す。対象となる乳児は，保護者の病気・入院・離婚・別居・家出・死亡等のために家族で養育できなくなったものなどである。こうした入所理由から現状では在所期間は3カ月未満が多く，60％余が1年未満の短期入所児である。また70％近くが保護者の元に帰っている。里親への委託や養子縁組などによる退所は少なく，措置する場の変更，児童養護施設など他の施設へ移るケースが20％ほどである。

児童養護施設の乳児部門と考えることもで

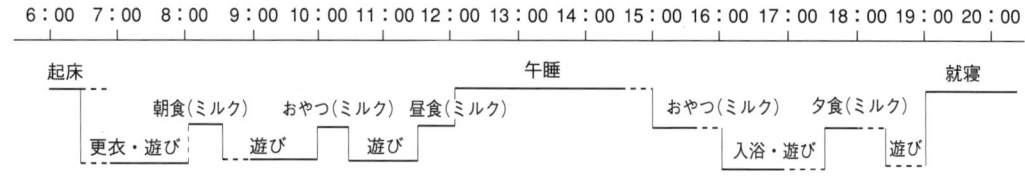

図6・6　M乳児院の1日の生活の流れ

きるが，乳児期の成育段階の特性に対応しうるよう区別されている。病気にかかりやすく，常に昼夜を通して養護する必要があることから，保育士のほかに医師や看護師なども配置される（図6・6）。

(b) 乳児院の空間計画

昼間の家庭ともいわれる保育所の乳児部に対しては，24時間の養育であり，必要諸室は心身の障害をともなうケースも見られることなどから，次のように規定されている。
① 寝室，観察室，診察室，病室，ほふく室，調理室，浴室・トイレ
② 寝室，観察室は乳児1人当り各 $1.65 m^2$ 以上
③ ただし乳児10人未満の施設では乳児養育専用室1室当り $9.91 m^2$ 以上，乳児1人当り $1.65 m^2$ 以上

診察や健康診断も当然必要となり，入所日から必要期間は，医師・嘱託医による心身の観察が観察室で行われる。

(2) 児童養護施設

(a) 児童養護施設とは

児童養護の施設については，古来大きな社会課題であったし，今日新たな状況も派生させている。児童福祉法においては「乳児を除いて，保護者のいない児童，虐待されている児童，その他環境上養護を要する児童を入所させて，これを養護し，あわせてその自立を支援することを目的とする施設」と規定される居住施設（入所型施設）である。児童にとっては衣，食，住，の拠点となる場であり，暖かで，安らぎのある家庭的雰囲気の中で，個性や自主性を尊重しつつ集団的生活の良さを発揮して，児童の自立を支援する施設像が求められる。

多くは40人から80人ほどの児童と，生活をともにして日常生活を援助する職員とで構成される。児童指導員，保育士，栄養士・調理員などの職員は，保護者の役割を果たす。家庭に比べて，多人数の共同生活であり，言語や知的発達面で軽い遅れが見られる児童が含まれるケースがあることなどから，事務員の他必要に応じて医師や看護師，リハビリテーションの専門家，臨床心理士などが配置される。

表6・4　乳児院と児童養護施設の在所児数と施設数

	乳児院		児童養護施設	
年度	在所児数	施設数	在所児数	施設数
1990	2,599	118	27,423	533
1995	2,566	116	25,741	528
2000	2,784	114	28,913	552
2004	2,938	117	30,597	556

＊「社会福祉施設等調査」による。

(b) 施設での生活

　入所以前の家庭問題を背景に，不安定な生活を強いられてきた多くの児童が基本的な生活習慣を身につけるよう，ほとんどの施設で日課と規則を定めている。起床・洗面・着替え・朝食，登校や遊び・学習，夕食，団らん，入浴，就寝など日々の生活のリズムを確立すること。休日や長期休暇，夏祭りや運動会のイベントなど，伸びやかな生活を同年齢や異年齢集団，職員や多くのボランティア団体と協力，協同して進めていく。

　入所児童の年齢層に大きな幅があることから，生活集団の編成は子どもの成長・発達における集団人数と年齢構成のあり方や集団の組替えへの配慮など施設運営の理念によって多様である。幼児グループ，小学生グループ，中学生グループといった横集団と幼児から小・中学生，高校生で構成する縦集団，あるいは低年齢・高年齢集団，性別集団などである。1つの部屋（居室）で寝起きをともにする人数は法で定められていて，「居室定員は15人以下，年齢に応じて男女別とする」こととされている。多くは5～12人ほどの児童に1，2名のケースワーカー（児童指導員，保育士）が配置されて，基本単位としての生活集団を形成している。

(c) 児童養護の施設空間

① 小舎制

　生活集団を基本単位にして施設空間は構成される。児童の就寝や学習などのための私的空間，遊びや食事・団らんなどの共同空間，洗面・便所・浴室などの生理的空間とケースワーカーの起居する部屋とがワンセット，ユニットになる。

　生活集団のいわば住戸ユニットである「小舎」を施設空間の構成単位として，そのいくつかを敷地に配置する施設形態を「小舎制」といっている。家庭的雰囲気の中で，メンバーと親代わりのケースワーカーとが共同生活で一体感を高めていく（図6・7）。

　施設規模が大きく，多数の小舎を有する施

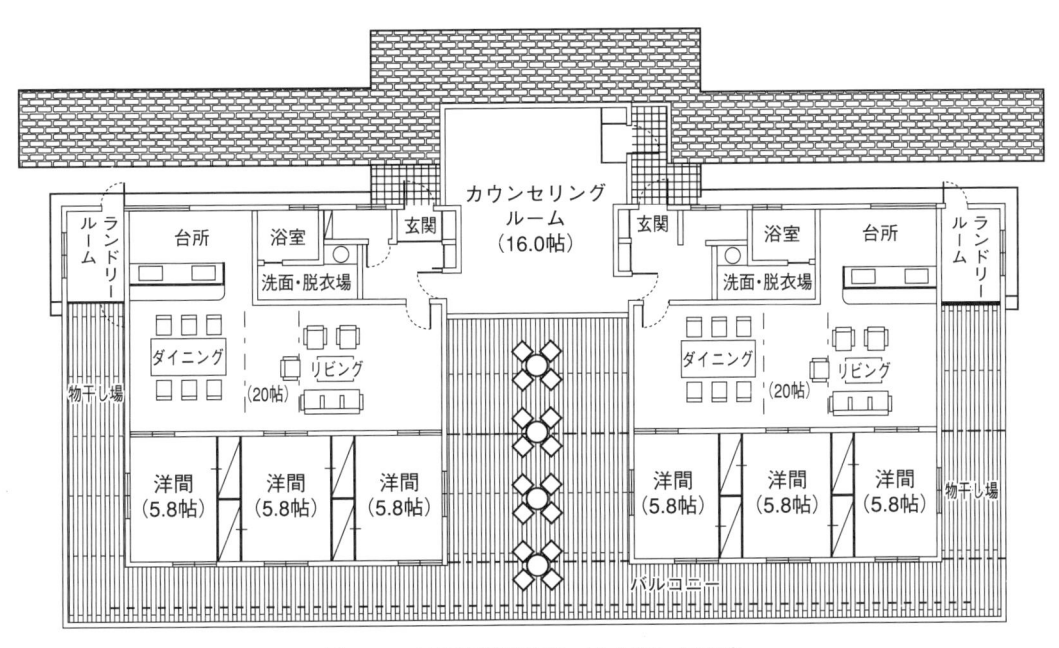

図6・7　F児童養護施設（小舎制）計画案

設では，他に共同利用空間として，学習室や図書館，多目的ホールなどを付属させ，幼児・小学校低学年用の遊び場やスポーツグラウンドなどの屋外スペースが整備されるケースも見られる。事務管理部門も独立して必要となる。

② グループホーム

まちの中の空家やマンションの1戸などを生活集団の住宅として数人の児童とケースワーカーが生活する施設形態である。夫婦がケースワーカーとなる場合は，兄弟姉妹が少し多い核家族に近く，こうした形態を特にファミリーグループホームとよんでいる。地域の基本単位である家庭を基に地域社会と日常的なつながりをもった，施設ではない「家」「脱施設」であり，今後目指されるノーマライゼーション社会のひとつのあり方を示しているといえる。

③ 大舎制

生活集団をすべての児童で構成する従来型の児童養護施設に多いタイプである。児童の私的空間である居室群と，児童の共同空間・生理的空間（食堂・厨房，学習室，講堂，浴室など）およびケースワーカーの勤務室や宿直室の部門とに分け，共通のプログラムで生活する施設形態を「大舎制」と呼称している。管理のしやすさに反して児童のプライバシーや家族的雰囲気の欠如など多くの問題点が指摘されている。

大舎制にかぎらず，いずれの施設形態でも最大の課題は，児童の私的空間，居室に関してである。好みに合わせてしつらえることの

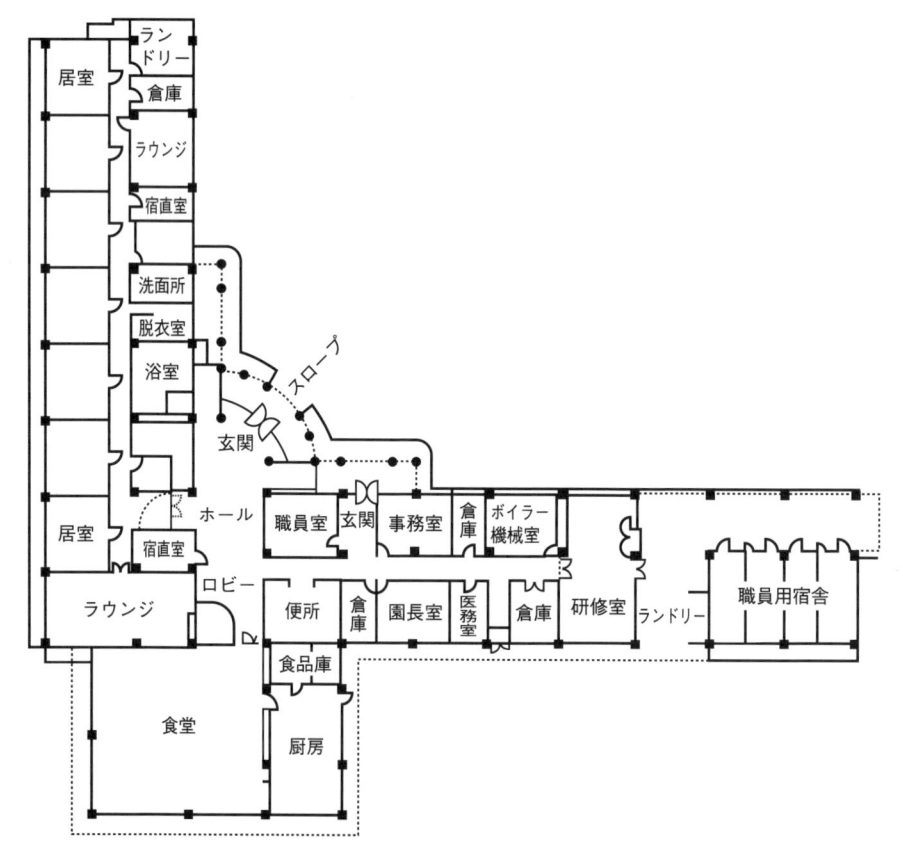

図6・8　F児童養護施設（大舎制）の平面図

できる自分の居場所への要求は，小学校高学年から芽ばえてくるが，1つの居室に4〜6人が同居し，机・いすと2段ベッドのほかに「私」のスペースがほとんどない状態が続いてきた。年少児の段階では，数人共同の同居室が好まれるが，年長児では個室要求が強い。日常の生活場面で占める共同の部分が多いだけになおさらである。法で定める1人当り3.3 m²（2畳）では無理で，2人部屋でも6畳分以上はほしい。居室のあり方も含めて見直しが求められる施設形態といえる（図6・8）。

6-4　児童館の計画

(1)　児童遊園と児童館

　子どもにとって遊びは生活そのものであり，その意義を強調しすぎることはない。遊び仲間，遊び時間，遊びの空間の3要素のいずれもが過小になりつつある。五感を刺激し発達を促す自然環境の喪失や体験機会の減少に直面して，自然に触れる遊びの場の創出や保全活動，電子情報機器の活用などが進められてきた。

　「地域において児童に健全な遊びを与えて，その健康を増進し，又は情操を豊かにする」ための児童遊園，児童館などの児童厚生施設も児童福祉施設の1つである。

(2)　小型児童館

　児童館は全国に4,673カ所（平成15年10月），年々増設されている。児童館はおおむね3歳以上の児童を主対象としていることから，その生活圏，行動圏，徒歩圏に沿って，小学校区程度の小地域を対象に，母親クラブ（育児相談）や子ども会などの地域組織活動の場も含めて子どもの日常的な屋内あるいは屋外の遊びスペースを含めた遊びの場を提供する「小型児童館」が全児童館の60％ほどを占めている。

　小型児童館には，遊戯室や集会室，図書室，屋外広場が設けられ，地域での子どもの遊びをめぐる総合的・拠点的機能が盛られている。

(3)　児童センター

　小型児童館の機能に加えて運動を主とする遊びによる体力増進と指導に重点を置いた施設。卓球やバトミントン等の屋内スポーツのスペースをもつなど，補助基準面積は小型児童館185 m²に比して297 m²以上と大きい。中・高生などの年長児の文化・芸術活動など特別な育成機能を有する大型児童センター（500 m²以上）も含まれる。

(4)　大型児童館

　都道府県内の児童館や児童センターの連絡調整等を行う中枢機能を果たすA型，自然の中で宿泊でき野外活動機能を有するB型，芸術，体育，科学等の総合的な活動機能をもちより広域を対象とするC型児童館に区別されている。A・B型では，施設が立地する地域の子どもの活動にも対応できるよう児童センターの機能を併せもつものとなっている。

　9.8 haの広大な緑地に地上5階地下1階，

図6・9　ビッグバン外観

延床面積10,000 m² 余の大阪府立の大型児童館が「ビッグバン」である。

「宇宙からの訪問者の旅物語」に沿ったストーリー性のある非日常空間での展示や参加体験，半円球の子ども劇場での演劇や音楽の上演，企画参加など，3歳から小学生，保護者を中心に年間30万人ほどに利用されている（図6・9）。

大阪府下約70館との連絡調整，児童厚生員研修や広域の保育所・幼稚園・小中学校との連携，子育て支援や地域でのイベントの主催会場となるなど多彩な活動を展開している。バスを児童館に仕立てた移動ミュージアムによる出前サービス需要も週1回平均と多い。児童館の運営と地域子育て・児童教育の指導者・プレイリーダーの養成などに多様な市民や団体のボランティアが参加している。こうした活動が豊かな遊びと文化創造の拠点施設を支え，総合的な「子どもの城」を創出している。

6-5　児童福祉空間のこれから

(1)　福祉施設像について

児童の健全な成長，発達を社会的に支援する多様な福祉施設の計画にあたって，それぞれの施設が果たすべき固有の役割と特性に配慮した空間計画のあり方を考えてきた。その中で，児童養護施設のように，特別な「施設」としてよりも，萌芽的にではあるが，アットホームな雰囲気づくりなど，暮らしの原点ともいうべき「住まい」に近づけようとしている，あるいは近づこうとしている様子に気づくであろう。さらに，この住まいは，まちにとけ込んだ大きな住まいへと姿を変えていく方向性も読み取れる。高齢者福祉施設の近未来像としての脱施設，住宅化の方向と軌を一にしている。

(2) 地域の子育て力の拠点

施設とは，ある集団のための場である。他の人々と出会い，繋がり，とともに遊び，学ぶという集団での生活を通して社会性の形成へと導く広がりのある空間の計画も重要となる。

子育てや養育の空間は，家庭と，時として遠くにあって見えにくい施設空間の2つに切り離されているようにも思われる。これからの児童福祉空間を展望するうえでは，この2つの分離された（ように思われる）拠点をつなぐ第3の拠点を構築し，充実させていくことの大切さを少なくない事例が示している。

第3の拠点は，児童が通常過ごす近隣や地域空間である。この近隣や地域において，子ども同士がふれあう遊び集団を再構築し，育児の先達である高齢者も取り込んだ地域社会全体で養育環境を整え，子育て力を高めるための，拠点づくりが求められている。これらは地域コミュニティの再生，まちづくりに受け継がれる。

(3) ふるさとづくりに向けて

第3の拠点づくりに加え，広がりを持つ多彩な人々の関与によって織りなされる子育てネットワーク空間の活用がある。留意すべきは，これまで見てきたすべての拠点および空間は抽象的で一般的な空間をさしているのではなく，きわめて具体的かつ具象的な空間について述べている。児童にとって後々のかけがえのない特色ある場所，地域性や自然をともなった故郷（ふるさと）となる空間を意味している。児童福祉への取組みは，児童1人1人の未来のふるさとづくりを目指しているといえよう。取組みの成果がいかほどかは，成長した個が苦難に直面したときに回復させてくれる力，「ふるさと力」で計ることになろう。児童福祉空間デザインは，このふるさとづくりに向けられた，豊かな地域社会の生活環境の創造につながるものでもある。

第7章
公共空間のバリアフリーから
ユニバーサルデザインへ

　個人の住宅を除いてだれもが利用できる日常生活の場には，学校や各種公共施設から駅などの交通施設さらには公園やレジャー施設がある。

　本章ではこれら日常の生活に必要な場や空間を公共空間としてとらえ，一般の利用者のほか，子どもから高齢者そして障害者まで不特定多数の利用者に開放され，高齢者や障害者を中心とした利用を考慮することで，障害物であるバリアが除去された最低水準の使いやすさを考え，より快適で利用しやすい視点とは何かについて解説する。

　大別して①公共空間のバリアフリー，②外部施設のユニバーサルデザイン，③サインのユニバーサルデザイン化について述べる。

7-1　公共空間とバリアフリー

　障害者の利用を考慮した環境整備の考え方は，当初は専用という考え方であった。専用とすることではじめて専門的に配慮した環境を提供できるとしたが，その他の利用者には違和感があり使用しにくいという問題があった。また身体的な障害者を優先とし合理化を図ろうとする概念もあるが，他の利用者を区分するものとなる。共用という考え方にはこの区分がなく平等な取扱いを原則としており，すべての人に受け入れやすい考え方である。

　公共空間では，これらすべての人が利用しやすいことを目指しているが，一般の利用者と車いす使用者がお互いに共存して使用する空間や，車いす使用者と施設のスタッフが専用して使用する空間など，公共建築の機能や保有する空間の役割によって違いがある。また，公共的な外部空間や民間による商業空間によっても違いがある。そこで，公共空間については，さらに①公共建築，②公共的外部空間，③民間営利施設，に区分してこれらのバリアフリーについて考える。

(1)　高齢者，障害者利用の計画

　公共空間には，高齢者や障害者の利用を考慮した計画が求められる。利用者の連続的な移動を確保するためには，目的となる公共空間や場所まで安全に移動できることが基本である。また安全性確保のためには，事前情報としてどの程度のバリアなのかを知り，段差や障害物など利用時における転落や衝突等の防止を図るとともに，代替移動手段を用意することになる。

図7・1
公共空間における車いす使用者

さらに，利用者の動作や要求に対応した寸法，利用のための各種動作，車いす使用者の方向転換，スイッチや開口部の高さそして大きさ，わかりやすく見えやすいサインなど利用時の適切な寸法を確保する必要がある。高齢者や障害者等に特別に対応するのではなく，利用者が共通に利用できる空間や設備を適切にそして効率的に用意する（図7・1）。

公共空間においては児童から高齢者，視覚障害のある人や車いす使用者，いずれの人にもわかりやすさ，使いやすさが求められる。利用上どうしても人的な支援が必要な場面，すべての利用者に共通な緊急時の介助や誘導支援などの対応が必要となり，利用特性に応じた人的配置がポイントとなる。公共空間の非常・緊急時などの出入口整備や設備機器に関する誤操作のない適切な操作性，通報の徹底やバリアとなる障害物撤去や実効性のある計画の遂行が必要である。

(2) 公共空間のバリアフリー計画

公共空間における，空間的対応の1つとして，「ハートビル法」が制定されている。公共空間の中でも不特定多数の人が出入りする公共的な建物を特定建築物に指定し，空間的対応の最低限の要求としてバリアフリー化を求めるとともに，広められるように定められたものである。なお，認定建築物には予算補助や税制特例などの措置を設けている。

ハートビル法の適応を受ける建築物の用途は，不特定多数の一般利用者を対象とした集会施設などの公共的施設，一般利用者よりも高齢者や障害者の利用が多い老人ホームや病院などの専門的施設，だれもが利用可能な公共的な外部空間，民間が管理運営する商業施設や宿泊施設などの営利的施設等をあげており，これらを特定施設とし，この中でも大規模な施設を特別特定建築物に区分している。

(a) バリアフリーの必要な建築種別

車いすと人とがすれ違える廊下を確保し，車いす使用者が利用できる公衆トイレ1つを，また視覚障害のある人が利用しやすいエレベータを設置すること，などの規準が定められ，建築物において高齢者や障害者などの利用を妨げている障壁を除去する基礎的規準として，計画上の努力義務を課している（表7・1）。

(b) 特別特定建築物

主に特定建築物とされる建物で延べ床面積が$2,000 m^2$以上の大規模の建物において，車いす使用者同士がすれ違える廊下の幅の確保，車いす使用者用のトイレが必要階に1つある，共同の浴室なども車いす使用者が利用できる，などの基準が定められ，障害者をはじめ特に不自由なく建築物を利用できるとした，誘導的規準（適合義務）である。

表 7・1　ハートビル法の対象となる建築物の用途

(1)　一般対象施設
1. 劇場, 観覧場, 映画館又は演劇場
2. 集会場又は公会堂
3. 展示場
4. 博物館, 美術館又は図書館
5. 体育館, 水泳場, ボーリング場その他の運動施設や遊技場

(2)　専門施設
1. 学校*, 盲学校, 聾学校又は養護学校
2. 病院又は診療所
3. 老人ホーム, 保育所*, 身体障害者福祉ホームその他
4. 老人福祉センター, 児童厚生施設, 身体障害者福祉センターその他

(3)　公共外部施設
1. 車両停車場又は船舶や航空機の発着場で旅客の乗降又は待合い施設
2. 自動車の停留又は駐車のための施設
3. 公衆便所

(4)　民間営利施設（商業ショッピング・レジャー施設・宿泊施設等）
1. 郵便局又は理髪店, クリーニング取次店, 質屋, 貸衣装屋, 銀行その他のサービス業店舗, 事務所*, 保健所, 官公署
3. 自動車教習所又は学習塾, 華道教室, 囲碁教室その他*
4. 工場*
5. 卸売市場*又は百貨店, スーパーマーケットその他の物品販売業の店舗
6. 飲食店又はキャバレー*, 料理店*, ナイトクラブ*, ダンスホールその他*
7. ホテル又は旅館
8. 共同住宅*, 寄宿舎又は下宿*
9. 公衆浴場

凡例：*印は特定建築物のみ，無印は特別特定建築物

(3)　施設各部のバリアフリー

(a)　玄関周り

　建物の玄関は不特定多数の人が利用し，扉が頻繁に開閉され危険や困難も多い。

　建物の玄関に風除室を設けると室内空気調節や吹き込み防止に役立つ。風除室は，内外2つのドアで囲われた空間で，そこに車いすが入った場合でも十分に動きが取れる広さとする。そのため2枚の扉の間隔は130 cm以上必要である。

　玄関ドアは自動式の引戸がよい。入口と出口を別にし，ドアへの衝突を防ぐために進行方向の奥にドアが開くようにする。開き戸の場合は取手の操作が困難な人がいることから，握り玉式ではなくレバー式や押し板を押すだけのものがよい。回転ドアは車いすでは動きが取れない。杖使用者の挟み込み，子どもの飛び込みなどの事故も多い。視覚障害のある人や歩行困難者もその使用は困難である。

　開閉用のドアチェックは後締めの手間が省けてよいが，ドアの開閉に力が必要となる場合もあり歩行困難者には開けることができない。

　玄関ドアの開閉操作は，マットスイッチや超音波などの感知で自動開閉する装置がある。車いす使用者にとって押しボタン式やタッチ式は手が届かないなど使いにくい。マット式では100 cm×100 cm以上の広めのマットで，車いすのタイヤ部分がすべて入ることが必要なため車いす使用者には不便が多い。近年では超音波式が増えている。ドア部分には車いすのフットレストがあたるためキックプレートをつける必要がある（図7・2）。

　全面ガラスドアの場合は，昼間に室内側から屋外側へ出るときにガラスがないと勘違いをすることが多いので，ドア部に設けられる横桟の位置を目の高さとするか，140～160 cmのところにテープやシールを貼付し誤っ

図7・2　マット式自動ドア

て衝突するのを防ぐ。

　車いす利用のための有効幅は，車いす使用者がドアを開閉し通行するためには，開閉操作のためにドア前後に150 cm×150 cm以上の水平なスペースが必要である。玄関ドアの有効幅員は手動ドアで90 cm以上，自動ドアで100 cm以上必要である。敷居は障害物になりやすいことから，敷居なし，または高さ2 cm以下で溝幅1 cm以下として障害をなくす。

　車いすの車輪は通路の通過などで汚れる。アプローチが長い場合には靴ずりを敷くことで車輪の汚れを取ることもできるが工夫が必要である。そこで，玄関に入る前に車いすの車輪についた汚れを落とすために玄関前ポーチの庇のもとに車輪を洗浄するための水洗装置を設けることもある。車いすを乗り入れて水を出し洗浄する装置である。

　建物名称などのサインを設ける。文字の大きさや背景となる地の色とのコントラストを強めるほか，手で触れて読み取れる浮き彫りや彫り込みとして，弱視者などにもわかりやすいものとする。なお，サインに照明装置を組み込むほか，玄関位置などがわかりやすいように照明装置を設ける。

(b)　**駐車場および車庫**

　敷地内道路は，利用しやすく安全な通路として，滑りにくく幅が120 cm以上とし，視覚障害者用に誘導装置や音声誘導装置を設ける。高低差がある場合には斜路や昇降機を設ける。特別特定建築物では幅180 cm以上とし，敷地内道路に傾斜路や踊り場がある場合その勾配は1/15を超えないものとする。自動車運転者が高齢化する一方，障害者が外出する際には自動車利用も多い。いわゆる交通バリアフリー法が制定以後は公共施設等に障害者用の駐車場が設けられている。

　駐車場位置は，玄関にできるだけ近く，障害者が利用できる車寄せと専用の駐車区画が必要である。また一般の駐車場内に設ける場合には専用区画または優先区画を設ける（図7・3）。出入口から駐車場までは50 m以内とし，障害者用とマーク表示し，幅は350 cm以上とする。特別特定建築物では全駐車台数200以下では駐車台数に1/50を乗じた数以上，200台を超える場合は1/100を乗じて得た数に2を加えた数以上とする。

　車いす使用者の駐車区画は，自動車のドアを全開にして車いすから車の座席へ乗り降りするために，専用の駐車幅員はドアを全開したスペースを含み330 cm×500 cm以上の広さが必要である（図7・4）。

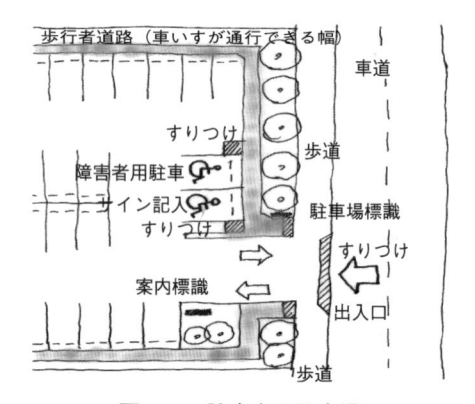

図7・3　障害者用駐車場

図7・4　障害者用駐車スペース

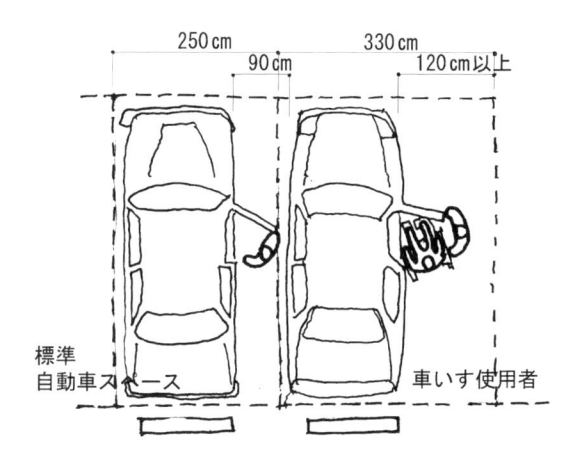

図7·5 一般の駐車と障害者用駐車幅員

車いすを自動車に横付けして乗車する場合に車いすと自動車は同じレベルとなるように、駐車スペースの勾配は1/50以下の水平面とし段差は設けない。車いすが静止できない場所での乗り降りは車いすの自走や暴走につながり危険である。

駐車スペースから建物の玄関までは水平路または傾斜路として安全に到達できるものとする。

車いす使用者の高さは一般の人が徒歩の場合よりも低く、自動車の運転者からは死角となりバックミラーなどでも発見しにくい。そのため車いす使用者の玄関までの経路は、自動車が通過する動線を避ける。また、幼児の通行や飛び出し、駐車場内での遊びも事故のもとになり危険である。

自動車の後部を横切ることなく、駐車スペースから建物内部への通路は、舗装して自動車が歩行者用の通路には進入しないように車止めや歩行者の歩道レベルをあげるなど安全を確保する。

障害者の専用駐車区画から玄関までは、降雨時を配慮して屋根や雨除けを設け、天候にかかわらず玄関まで到達できる安全通路とする。なお、安全通路の有効幅員は、車いす使用者とすれ違いができるためには135cm以上が必要である。

障害者の専用駐車区画は一般駐車区画と区分する。自動車の運転者からも判断がつくように舗装面へのサインや標識を用いる。駐車場専用ビルや地下駐車場では、自動車と車いす使用者との動線処理、昇降設備の設置、障害者を配慮した便所の設置などが求められる。

(c) 駐車場トイレ

高齢者も障害者も安心して使用できるよう、障害者用スペースのある駐車場の近くの同階にトイレを設ける。出入口幅80cm以上の車いす使用者用便房とする。中でも、特別特定建築物の便房の数は、駐車場への階で台数200以下では総数の1/50を乗じた数以上、200を超える場合は1/100を乗じた数に2を加えたものとする。さらに床置き式小便器を1以上設ける。

(d) 屋外のテラスおよびバルコニー

高齢者や障害者は部屋に閉じこもりがちであり、テラスやバルコニーへ出られることは眺望や自然とふれあえる楽しみとなる。また、火災時や非常時には一時的な避難の場となる。

部屋からテラスやバルコニーへ。できるだけ段差をなくし出入りできることが求められる。テラスやバルコニーは火災に対して延焼のおそれがなく安全であることはもちろんである。

建物の屋上へはエレベータで行けるようにする。特に非常用エレベータが望ましい。屋

上は比較的面積を取りやすいがバルコニーは狭くなりがちである。屋上の面積では車いすが自由に方向転換できることが必要で直径150 cm以上が必要となる。また，屋上の排水溝や各種の設備スペースを見込んで広めのスペースが求められる。

バルコニーでは室内から自由に出られるようにドアの開口部の有効間口は80 cm以上が必要で，段差は敷居も含めて2 cm以下とする。

バルコニーへの開口部は，室内への雨水の浸入を防ぐために，床面の排水勾配は外側にとり先端に排水溝を設ける。なお，雨水の進入を軽減するために庇や袖壁を設ける。バルコニーは降雨により床面が濡れた場合でも滑りにくい仕上げとする。バルコニーの先端では杖などが落下しないように5 cm以上の立ち上がりをつける。

バルコニーの手すり高さは，建築基準法で110 cm以上とされている。これは身体の重心が手すりの外側に出ても転落しないためである。手すりは体重をかけても変形しないように堅固に取り付ける。

柵や手すりによじ登って転落事故が発生する。幼児がよじ登りの足がかりとならないように縦桟とする。横桟は足がかりとなる。縦桟の間隔は幼児の身体が入らないように10 cm以下とし，落下防止に十分配慮する。

杖使用者や歩行困難者などが握れる手すりを必要とするときは，高さ80～90 cmのところに横桟を設ける。また，杖使用者にとって，床から35 cm以上のところまでは立ち上がりとして手すり子に杖が引っかからないようにする（図7・6）。

手すりの周辺には，踏み台となるようなものが置かれると危険であるので置かない。

手すりは直径4 cm程度の金属や木が使用

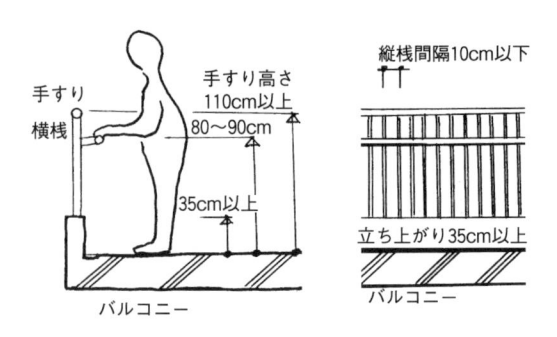

図7・6　手すりの高さ

されるが長年の間に劣化し強度が低下するので，古くなったら検査し補修する必要がある。

(4) 内部空間への移行部のデザイン

障害者も一般の利用者も建物に入る場所は主玄関からである。建物内部では非常口も含めてすべての廊下や出入口は障害者が使用できるものとする。

(a) 玄関ホール

建物の階段やエレベータなどの主要部分が見渡せ，各部分にたどり着きやすいように組織だった空間構成とする。

玄関ホールは，住宅や各種の建物種別によって配慮すべきことや備えておく装備も異なってくる。一般に公共施設では利用者が不特定多数であることから，受付，案内板，誘導サイン，車いす置き場，公衆電話，待合いスペースなど，施設内容に応じてこまかい配慮が必要である。中でも玄関ホールには案内板が必要である。案内板の存在が視覚障害者にもわかりやすくするために誘導タイルで導くことが必要である（図7・7）。

上下足の履替えのある建物では，玄関部の

図 7・7　玄関ホールの案内板と点字による誘導

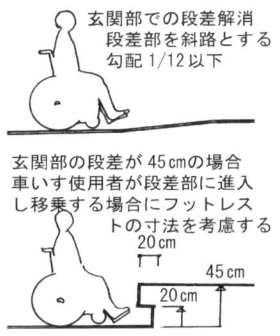

図 7・8　乗換用の車いすと段差の解消

履替えに段差があるのが通常である。車いす使用者はこの段差を乗り越えることができないため傾斜路による段差の解消を図る必要があり，一般用の履替えと傾斜路を併設することになる。

車いす使用者の段差への移乗は，車いすの進入を考慮して上り口に高さ 20 cm 程度のフットレストが入るスペースの確保が望まれる（図7・8）。

車いすは外部用と内部用を区分し，それぞれに乗換する場合もある。車いすの乗換にあたっては 2 台が方向転換のために回転できるスペースを確保するとともに乗り移りのためにつかまり棒を設けるなどの工夫が必要である。

乗換のない場合は，屋内外一緒の車いすを使用するために車輪の汚れを洗浄する必要があり，洗浄装置は玄関の入口に設ける。

歩行困難者や高齢者の場合は，上下足の履替えを立ったまま行うことが困難な場合も多く，腰掛けながら履替えができる場所が必要である。

杖使用者では，杖の持ち替えと段差の移乗に困難が多い。杖使用者はまず玄関に面して立ち，片方の杖を一方にまとめて握る。常に一方で身体を支えながらの動作となり，片手を式台について杖を式台に置いてから玄関に腰をおろす。杖での昇降動作は多く複雑であり，段差部分に腰掛けおよび手すりを設けて補助することが必要である。

室内の諸室に誘導する案内板の必要。案内は受付カウンターで個別に与える場合と標識や音声により間接的に与えるものがある。

受付カウンターはわかりやすい位置に設置し，視覚障害者が直接に行けるように点字ブロックや音声で誘導することが望ましい。

点字ブロックには方向性がない。利用する視覚障害者同士が衝突することもあるので，入口側出口側の考慮が必要となり，一方通行による区分なども検討する必要がある。

公共性の高い空間では標識や案内板を，ま

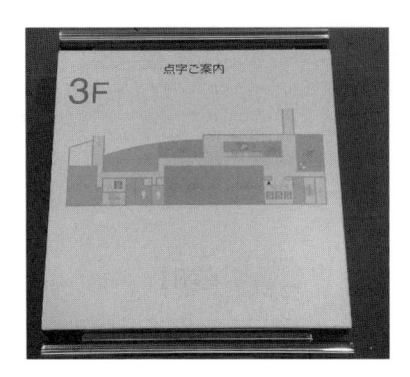

図7・9 各階の点字案内板

た視覚障害者のために触知図を用意しておく。

大きな建物や公共施設では，はじめての来訪者には不案内である。そこで，建物の配置や室配置を示した案内板を各階にも設ける。視覚障害者にとってはわかりにくいためエントランスホールなどに建物の案内や地図が点字とともに理解できるように凹凸の標示とする。これは一般の人にも案内板の役割を果たす（図7・9）。

標示や案内板の高さ，文字の大きさなど十分に配慮する。この他，人の音声による案内はわかりやすい。案内付近には，車いす利用者のために乗換用の車いす置き場を設けるとともに，車いす使用者へのサービスカウンターともなる。

(b) 廊下・通路

廊下はすべての人に配慮した動線計画を。
曲がり迷いそうな通路，できるだけ入り組んだ通路や廊下とはしない。まっすぐな廊下として直交型がよい。曲がった廊下や曲線では視覚障害者は自分がどこにいるのか位置がわからなくなる。

廊下は非常時に避難路となる。障害者は避難に苦労するので避難経路はできるだけ短く，車いすでも通行できるものとする。行き止まりの廊下や外部に直結していない廊下とはしない。

長い廊下は，高齢者や車いす使用者にとって疲れるので途中で休息できるような場所を設ける。できれば，短い廊下が望ましく，長くなる場合には通行者に支障がないように途中に休息コーナーなどを設ける。廊下には柱型が突出したり消火器が置かれたり通行の障害とならないようにする。

廊下の曲がり角は面取りや曲線にすると，鉢合わせの衝突事故が少ない。また車いすでの右左折がしやすく壁の破損も少ない（図7・10）。

廊下の有効幅員は原則として120 cm以上とする。車いすが通行しやすく回転できるには150 cm以上が必要である。また車いす同士がすれ違うには180 cm以上とする。

車いす使用者が廊下を安全に通行するために，転倒しても衝撃の少ない床材料とする。通路面の上部は階段下部の通路などの障害となるため，220 cm以上のあきを確保する。

廊下や通路には段差を設けない。特に段差の少ない場合には段差そのものに気づかずつまずいたり転倒したり危険である。もしも段差が生じた場合には傾斜路を設ける。傾斜路は滑りにくい表面仕上げとする。

病院や診療所のほか高齢者の利用する施設では通路に手すりを設ける。手すりはできる

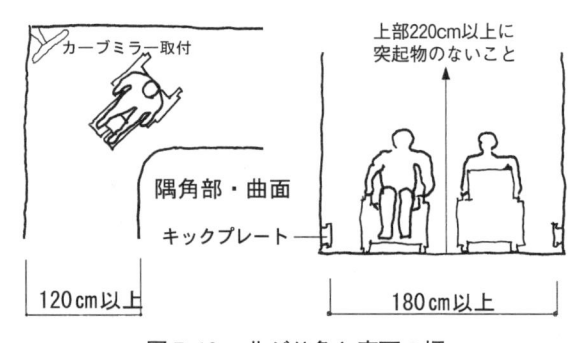

図7・10 曲がり角と廊下の幅

図 7・11　高齢者利用施設の廊下

だけ途中で途切れないことが望ましい。また，廊下の両側に手すりを設けるのが望ましい（図 7・11）。車いすは蛇行しやすいので壁への衝突やフットレストが壁にあたるのを防ぐためにキックプレートを設ける。

大きなエリアを通過するためには，まっすぐな通路とし床材料に変化をつけることが望まれる。なお，壁や天井の材料に変化を持たせ色彩や模様を工夫する。

照明や色彩によってコントラストを高めると弱視の人たちは定位しやすくなる。そこでドアや出入口ではコントラストのあるドア・ドア枠とすると出入口を明示できる。なお，階段や室名および避難標示は視覚障害の人にも判読できるようにする。

(c)　出入口

室内出入口に設けられたドアの開閉は，困難が多い。一般に推奨される扉の順位は，自動引戸，手動引戸，手動開き戸の順で，折りたたみ戸は手前に開くと車いすに衝突するため，前に開くなどの方向性がある。また，回転ドアは車いすでは使用できない。このことから引戸が多く使用される。

引戸は出入口の下端から高さ 35 cm 程度までキックプレートを設け，開閉のためにドアハンドルをつける。ドアハンドルは車いす使用者や上肢障害者にも使用しやすく，80〜100 cm の高さに設ける。なお，ドアでの衝突を予防するために反対側の動きがわかるようにのぞき窓を設ける。車いす使用者 1 人で使用できる最低の出入口の有効幅員は 80 cm 以上開くものとされている。望ましくは 85 cm 以上確保したい（図 7・12）。

引戸は安全であるが，大型の場合には重くなり障害者では困難となることから，戸車やつり車として軽く引くことができるように工夫する。

車いす使用者の場合に開き戸の操作はドアの開閉方向を考慮する。ドアは特別な場合を除き内開きとするが，視覚障害のある人が開放されたドアに衝突する危険もあり自動閉鎖装置を取り付ける。

開き戸のハンドルの高さは 85〜90 cm が標準で，円形のハンドルは上肢や手に障害がある人には使いにくいので楕円型かレバーハンドルとする。

車いす使用者がドアを開閉し，通過するに

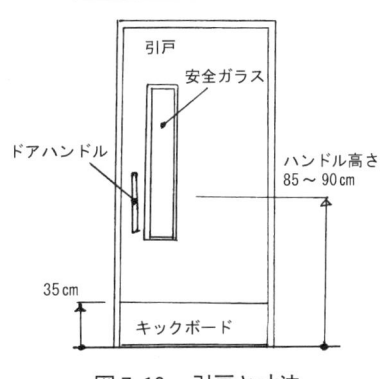

図 7・12　引戸と寸法

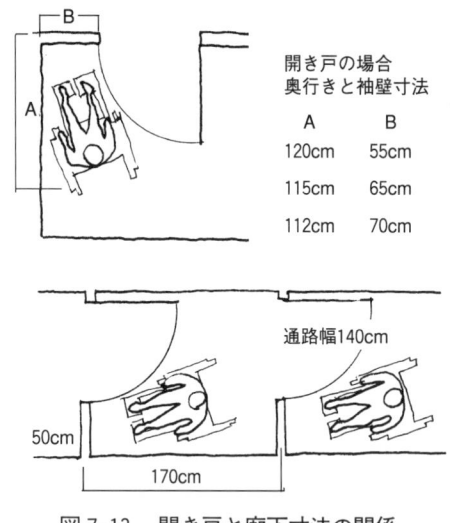

図7・13　開き戸と廊下寸法の関係

開き戸の場合 奥行きと袖壁寸法	
A	B
120cm	55cm
115cm	65cm
112cm	70cm

は前後左右に水平な床が必要である。車いす使用者がドアを開くためには，ドア開閉の軌跡の外に車いすを横付けする必要がある。そのためドアの開閉方向にスペースが必要で，左右に30cm，ドアが開く方向に150cm，その反対に110cmである。二重にドアが続く場合には，同一通路で同一方向への開閉の場合にはドアの間隔が170cm以上必要である（図7・13）。

ドアの開閉時に丁番側で指を挟む危険がある。幼児などの事故が多く，丁番側にスポンジが装着されるなどの工夫が必要である。

開放されたドアに衝突しないようにドアの反対側の動きがわかる工夫が必要である。なお，プライバシーを確保することも必要である。

公共施設や多人数の居住する建物では防災のために防火扉が設けられる。防火扉に設けられたくぐり戸は車いす使用者が通れる十分な寸法をとり，敷居が高くならないようにする。なお，上肢障害者でも簡単に開くようにする。

(d)　階段・踊り場

階段は手すり付きで床は滑りにくく緩やかな勾配とし，螺旋階段とはしない。特別特定建築物では，階段の幅は150cm以上とし踏面を30cm以下とする。階段上端に接する廊下には注意喚起用床材を敷設する。また螺旋階段であっても階段途中には踊り場を設け，高齢者や障害者が一呼吸できる安全のためのスペースが必要である。

(e)　昇降機

昇降機は，玄関や出入口から，一般の障害者や視覚障害の人にとってもわかりやすい位置に設ける。エレベータまたはエスカレータを選択できるものとする。施設規模や乗降定員にもよるが，エレベータの利用しやすいかごの広さは1.83m²以上，奥行き内法は135cm以上，出入口の幅は80cm以上とする。特別特定建築物ではかごの広さ2.09m²以上，奥行き内法135cm以上で，出入口は155cm以上としている。なお，昇降ロビーの奥行きは180cm以上を確保する。特に防犯上の安全管理さらに事故防止のための通常の性能検査，設備点検は必要である。

7-2　公共空間・施設別の配慮事項

(1)　医療・福祉施設

玄関や受付カウンターには：貸出し用車いすを備える。待合いのいすとともに車いす使用者用の待合いスペースを確保する（図7・14）。

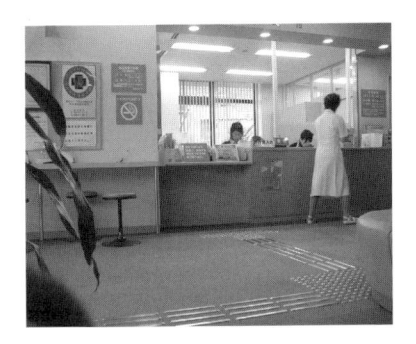

図7・14　病院受付

診療室等への廊下は：手すりや廊下床材の色分け，もしくは誘導タイルによって経路や動線をわかりやすくする。壁面の色彩を経路により区分することもある。治療室の扉は引戸としキックプレートを設け車いすの衝突を防ぐ。扉の近くに高齢者や車いす使用者でも見やすいよう140 cm程度の高さに室名表示をする。

廊下と待合い空間は：両方とも明確に区分し，車いす使用者が通れる幅180 cmを確保する。廊下には，アルコーブをとり休息や談話コーナーおよび電話コーナーを設け病室等とは異なったリラックスできる空間とする。

(2) 集会施設

高齢者のほか，友人や家族とともに来館する施設であり，各種学習活動や大小人数による研修や情報交換の場で，いずれの研修や学習諸室でも車いす等で参加できるものとする。入口で履替えが必要な施設では，室内用車いすへの乗換えや履替えスペースを確保する。

ロビーには：貸出し用車いすを事務室や玄関付近に配備する。館内の案内のために玄関に点字付の案内図を設けるか受付で案内できるようにする（図7・15）。

図7・15　玄関付近のベビーカー置き場

研修室が和室の場合は，踏込みを設け，車いすの置き場ならびに方向転換のスペースを確保するとともに，乗換えのための手すりを設ける。

廊下では：高齢者の利用も多いので手すりを設けるとともに，車いす利用者が廊下からでも研修室等の室内状況を判断できるように，休息スペースを設ける。

調理実習室には：車いす使用者にも利用可能な高さの作業台を用意するとともに，作業台間を自由に動けるために150 cm以上の間隔を確保する。高さ調節の可能な調理台を設けるか，車いすの接近性を高める。

(3) 文化施設

(a) 劇場や大規模集会施設

劇場など一時に不特定多数の利用がある施設では，車いす使用者も参加でき，座席を選択できるように配慮する。なお観覧のみならず，舞台に上がれる設備を設ける。出入口から受付，ホールまでの段差がなく迷わず到達できるように配慮し，ホール入口は自動で開く扉とする（図7・16）。

受付では：車いす使用者や杖使用者が身体を預けやすいカウンターの高さとする。カウンター端部には持ち上がりを設け入場券や料

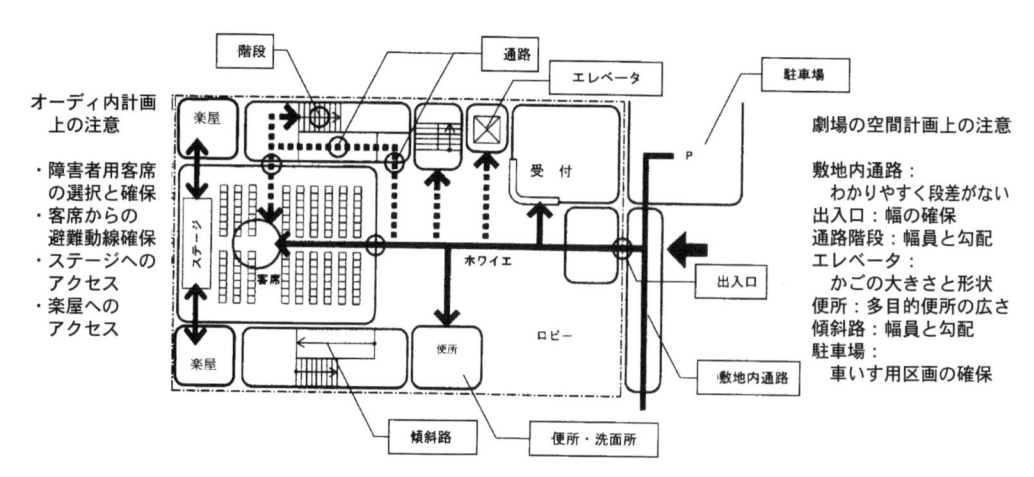

図7・16 劇場内のバリアフリー

金の授受を容易にする。

① 大規模な集会等が催される固定席

車いす利用者を考慮して段差を解消し、着席する場所には選択性を持たせ、非常口の近くに車いすへの移乗を考慮して、取り外し可能な座席や肘掛けの取り外せる座席、あるいは回転可能な座席等を設ける。位置は前席や後部席のほか中間でもよく、平らな床としアクセススペースを設ける（図7・17）。

松葉杖使用者の座席は、出入口に近くアプローチが容易なところで選択できるようにする。車いす利用のため主要な通路は幅150cm以上確保する。車いす利用者がステージへ上がれる設備、また楽屋や控え室への通路にも段差を設けず、トイレには障害者用を設ける。

扉は火災時には障害者でも手動で開ける程度の重さで自動的に閉じるものとする。なお聴覚障害の人の避難のためには、閃光発射ラ

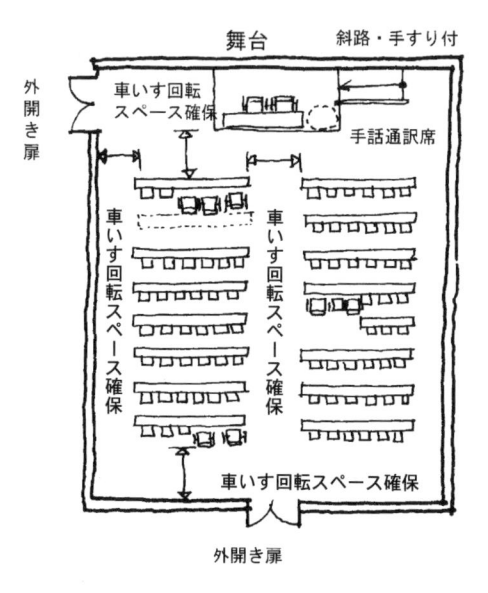

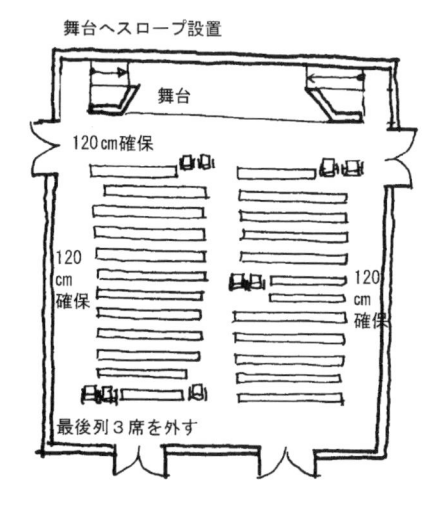

机＋いす使用の大研修室　　　固定席のみの大研修室

図7・17 大集会室の車いす席

イトなど点滅型誘導音装置付誘導灯を避難経路に確保しサインを設ける。

② 大規模な集会等が催される移動席

席を1列取り除き車いす使用者用座席とする。周囲の通路は車いすが回転できる幅とする。最後列の場合は席から後部壁面まで，車いす使用者のための通路を確保する。ステージにはスロープを設け，手話通訳が可能な空間を設ける。位置は聴覚障害の人の席からステージの手話通訳が見える距離や角度を考慮して決定する。

(b) 図書館

公共図書館では，図書貸借，読書，マルチメディアの視聴と幅広い利用があり，平日には子ども連れの高齢者や妊産婦の利用も多く，子どもから高齢者さらに障害者の利用に対応する設備とする（図7・18）。

BDS：図書館への入室管理にゲート式のBDSが設置されるが，車いすでの出入りを考慮してポール式と出入りの段差をなくす。また動線が交差しないように出口と入口を区分する（図7・19）。

開架室の位置：なるべく地上階に設け，段差なく自由に出入りができ，ワンフロアーが望ましい。床は反響音がなく滑りにくい仕上げ材料とする。カーペットは静かだが，車いす使用者には重く不便で，ブックカートも重くなる（図7・20）。

書架間隔と高さ：車いす使用者や高齢者が開架資料の背表紙が見えるとともに，本を手に取る高さを5段までとする。なお，地震時に書架の転倒を防ぐために低重心のものとする。書架との間は，車いす使用者および図書整理用のブックトラックがすれ違える間隔として210〜240cmを確保する。

閲覧スペース：開架室の近くには閲覧スペースや閲覧いすを置く。閲覧スペースには履

図7・18 段差のないアプローチとブックポスト

図7・19 入室管理とBDS

図7・20 閲覧空間

図7・21　公共図書館のカウンター

図7・22　スロープによるアプローチ

替えの和室もあるが，車いす置場のスペースも必要である。車いす使用者にとって乗換えの不便がある。閲覧机の場合は車いすのまま使用できるスペースの工夫，または身体を保持することのできる両肘付いすとする。

カウンター：カウンターやサービスデスクでは貸出や返却のほか読書相談も行われる。車いすのまま寄り付けるようにするとともに，方向転換できるよう周囲に直径 150 cm の回転スペースを確保する（図7・21）。

マルチメディアと障害者設備：聴覚障害者対応の DVD や音読機，トーキングブックなど電子図書や機器も普及しており，視聴覚室やコーナーには車いすのまま利用できる小室やヘッドホン使用できる障害者用設備を設ける。このほか図書検索機など，車いす利用や杖使用者にとって利用しやすいものとする。

BM（ブックモービル）等アウトリーチサービス：図書館まで遠距離で来館しにくい利用者のための移動図書館サービスがあるが，福祉施設へのサービスや障害のため来館できない利用者への貸出サービスの充実が望まれる。

(c)　美術館

高齢者や障害者のアクセスがよく，雨がふっても駐車場から入口まで濡れずに利用できるものとする（図7・22）。美術館の展示室は順路に沿って通路や展示空間を移動することから展示物との関係を考慮し，車いす使用者の視線の高さと健常者の高さを考慮する。また，車いす使用者が展示物に衝突しないよう，展示物の手前にキックプレートを設ける。

展示表記は：形状，色彩，サインなど工夫し設ける。展示の解説用の音声説明装置は視覚障害の人にも便利である。また，彫刻など展示箇所に IC チップが埋められ，観覧者がその箇所に近づくと音声ガイドされるものもある。

近年では展示品を見てその特徴を理解するだけではなく，音や空間，素材の触覚など，鑑賞者が五感を働かせて多角的に体験することで作品に対する理解をより助ける展示がなされている。

屋内外を問わず展示品を誘導解説する「解説ボランティア」も障害者にとっては有効である。

展示空間と通路：通路には段差をなくし，展示空間との間にスロープがある場合は，手すりを設け滑りにくい床にする。

休息コーナー：展示空間の移動は大変であり，必要箇所にベンチや車いすを停止できる平面には，休息スペースを設ける。

(4) 教育施設

学校施設は，災害時の避難施設や選挙時には投票所となることが多い。避難所指定の学校では，車いす使用者や高齢者利用を考慮したトイレ設備を設けるとともに，エレベータまたは斜路を設け段差をなくす。また災害時には車いす使用者にも十分対応できる計画とする。

このほか，学校施設は生涯学習施設や地域開放などによるコミュニティ施設としての機能もあり，先生や児童，一般とともに車いすでも使用できる多機能トイレを設ける。

昇降口：履替え時に床座の姿勢で時間をかけて自力で，または介護されながらの履替えのスペースを確保する。また，松葉杖使用を考慮して手すりを設ける。

普通教室：手すりおよび車いす席を確保する。教壇には車いす利用が困難なため手すりは設けない。

特別教室：車いすでも使用できるように車いすの高さ60cm程度を確保し，実習台の高さは70cm程度とする。また児童用車いす使用も検討するほか，杖使用者に対して身体を預けられるカウンターを設ける。

このほか体育館では，横になったり着座して更衣できる更衣スペースを確保する。

(5) スポーツ・レクリエーション施設

障害者スポーツ：ゲートボール，ペタンクやディスクゴルフなど，健康増進やリクリエーションのための高齢者スポーツ，車いすテニスやハンディベースボール，グランドソフトボールなどの障害者スポーツがあり，道具の開発や改良により，スポーツが身近なものとなっている。このほか健康増進やリハビリテーションとして水泳も盛んである。

屋外や屋内でのプレイがあるが，高齢者や障害者にとって強い日差しや風は過酷な運動条件ともなることから，半屋内や全天候型の屋内施設として整備する。自身が行うばかりでなく，観戦や観覧することも多いので，高齢者や障害者の目的施設までのアクセスや駐車スペースの確保はもとより施設内のトイレや更衣室，観覧席においても支障のないものとする。

出入口：体育室は一般に上履きエリアとなり，出入口前での履替えとなる。車いすの乗降のため2台を並べて移乗および方向転換できる広さを確保し，競技用車いすを使用する場合は外用の車いすの駐車スペースを設ける。競技用の上靴への履替えのために手すりおよびベンチを設ける。

アリーナ：車いすバスケットなど激しい競技では体育室壁面への衝突を防止するため，壁面には出隅をつくらずマットやクッション材で保護する（図7・23）。一般と共用で同時利用の場合を考慮して防球用ネットを設ける。

トイレ：下足使用のトイレしかない場合は靴の履替えが必要となるため，上履きで使用できる体育室専用の手すり付きトイレを付属する。

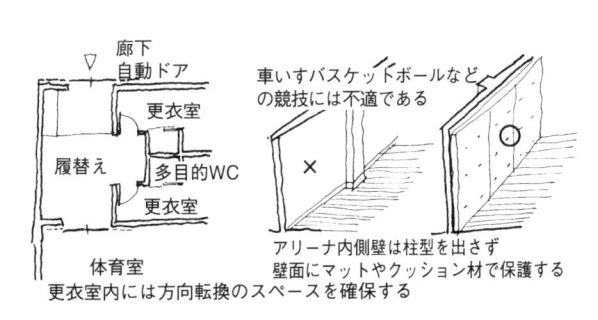

図7・23 体育室と更衣室

更衣室：障害者や車いすの移行を妨害しないように，更衣室内では入室から着替えそして出口までの動線が交差しないものとする。車いす用の更衣室を設ける。肢体不自由者が更衣する場合，座ったり，寝ころんだりして着替えることのできるスペースを用意する。ロッカーは手の届く高さとし，視覚障害者が扉に衝突しないように自動閉鎖とする。

シャワールーム：室内では段差をなくす。車いす用専用シャワー室とし，シャワー専用の車いすを用意する。なお，更衣室内に障害者も利用できるトイレを設ける。

観覧席：エレベータまたは斜路等により到達でき，観覧用に車いす席を設ける。

プール：入口から更衣室そしてプールまでの動線を確保する。エントランスゾーン，プールゾーン，観覧ゾーンについてドライゾーンとウエットゾーンを明確に区分し，ウエットゾーンの床は素足でも滑りにくい材料とする。更衣室からプールまでの間には段差をなくし，シャワーゲートは強制または手動式のものとする。

プールへの入水の場合のはしごやタラップは高齢者や障害者の転落の危険があり，プールサイドに滑りにくい材料による手すり付スロープや手すり付の階段を設ける。

(6) 公共施設の複合化・大規模化の課題

公共的な施設では諸室の種類が多く，様子に慣れていないと目的の室への到達が困難な場合も多い。近年では土地や建物利用の高度化を図るため，複合化や併設さらには運営面からの転用もあり，共用化できる計画が求められている。

このため図書館と公民館の併設や福祉施設と地域施設など数施設が複合化した大規模センターも多い。表玄関の出入口が１つで多機関の複合した施設内では，動線が複雑になりがちで，目的の施設や諸室への経路がわかりにくい場合が多い。

出入口からわかりやすい位置に階段やエレベータがあるのはもとより，ロビー周りに案内や触地図，点字ブロックや誘導ブロックを設け，障害者が迷わない工夫が必要である。また，利用者の多い建物や出入りが集中する建物では，風除室内の出口と入口を分ける。または障害者や車いす使用者の出入口を区分する。このほか高齢者の利用が多かったり多人数が利用する諸室は非常時の避難を考慮する。また，地震などの災害時の避難場所となる地域施設では，障害者の安全を確保する。

7-3 民間営利施設のバリアフリー

(1) 商業施設

デパート（百貨店）や量販店ではハートビル法の適用がある。これらの建物のうち倉庫や従業員が専用の階段およびエレベータなどを除いて，主に不特定多数が利用する売り場などでは，条例や規準による防災・安全策とともに障害を取り除くためのバリアフリー化が求められる。近年，これら商業施設は異業種施設との複合化やショッピングセンターとして大規模化が進むことにより，複雑化の傾向にある。そのため地震や火災発生時の安全性の確保（パニック時の誘導と避難，防火防煙や耐火被覆素材の使用など），建物内の避難経路や非常口の案内や休息スペースの設置等の新たなバリアフリー計画が一段と要求さ

れることになる。

商業施設では販売形式によって販売者と購買者との関係が異なる。対面販売による百貨店，セルフサービスのスーパーや量販店，小規模なセルフサービスのコンビニがある。

① デパート（百貨店）

多種多様な物品が対面販売される百貨店では，最寄り駅など交通機関からのアクセスや，売り場規模により魅力や集客力も異なる。また百貨店では来店者数に季節変化があることから，施設には最寄りの交通機関からアクセスしやすいとともに，売り場内の通路の混雑を考慮した余裕のある動線計画が求められる。また，季節ごとに行われる売り場レイアウトの変更に対応した案内や，情報提供のほか防災や避難のサイン計画が求められる。受付や案内の人的補助による対応も求められる。

休憩スペースやベンチを設ける。また，乳幼児用施設（授乳設備やおむつ交換設備）を設けるほか多機能トイレを設ける。

② 量販店（スーパーマーケット）

量販店は利用者の居住する生活圏の中で安全で便利な位置に立地する。そのため車いすやハンドル型電動いす等での来店が予測されることから，駐車スペースの確保と降雨時の対応が求められる。なお，大量の商品の搬入と利用者の動線を明確に区分し安全を図る。

量販店ではセルフサービスで，購買者自身が商品を選択しカートなどで運搬することから，わかりやすい商品配列や棚の高さ，荷物カートなどと利用者ならびに車いす使用者がすれ違える幅の通路を確保する。展示商品と車いすなどの衝突防止が求められる。このほか，駐車場までの運搬のために出入口の分離区分および自動ドア化が求められる。また，盲導犬や介助犬の同伴をみとめているところもある。

車いすのままでのレジカウンターで通過や支払いには手間が掛かることから，予備通路や予備カウンターを受付近くに確保するとともに，レジカウンター通過幅を140 cm程度と広くする。また，袋詰めカウンター前には，方向転換のできるスペースとして直径140 cm程度を確保する。

③ 複合ショッピングセンター

駐車場で電動車いすの貸出しや介助者によるショッピングセンター内で補助するショップモビリティの導入により，障害者や高齢者にとって気軽で安全なショッピングが行える。また，近年では地場商店街の振興のために閉店店舗を利用した休憩所やボランティアの補助により，商店街に賑わいを取り戻す活動も行われつつある。

④ コンビニエンスストア

地域に最も多く小規模なセルフサービスの購買施設の1つにコンビニエンスストアがある。飲食料から生活雑貨まで多品種少量販売で，身近な販売店であることから高齢者にも見直されはじめている（図7・24）。

図7・24　出入口にスロープのついたコンビニエンスストア

また，宅配サービスの受付やATMおよび情報端末も設置され，急速にIT化が進み，住民票の写しの発行など行政事務を代行する自治体もあり情報施設ともなりつつある。顧客サービスとして高齢者を考慮して陳列棚の高さを抑えた棚と商品配列，今まで敬遠されていた顧客のトイレ利用も許されるようになっている。

図7・25　博覧会施設の日除けと休息所

(2) レジャー施設

少子高齢化社会にあって，子どもを含むファミリーをはじめ，若者のみならず余暇時間を多く持つ高齢者を受け入れる施設として，テーマパークやアミューズメントパークでは，高齢者や障害者にも魅力ある機能や快適性を享受できる環境デザインが求められている。

① 水族館・動植物園・遊園地

動物や植物との触れあいは，子どもばかりでなく大人にとっても貴重な体験で，癒しの効果も得られる。そこでは訪れる人々ができるだけ自然な形で環境の中に入っていけるように配慮しなければならない。そのため，高齢者や障害者そして子どもの訪れが多い施設では，動線を斜路やエレベータなどにし，途中に休憩スペースや車いす用トイレを設置してバリアフリー化と安全性を確保する。車いすや電動車いす，ベビーカーなどの貸出しサービスの充実も必要である。

水族館の水槽前のゆったりとした空間などは癒しの場となり，植物園では四季折々の花の香りは癒しの効果ともなる。園内の各種生態系の眺望も効果的であり，視覚に対するバリアフリーへの配慮も必要である。

② 博覧会・アミューズメント

多くの入場者の集中する博覧会やアミューズメントでは，イベントの時間待ち行列や群衆行動が生じる。博覧会では障害者利用の予約制や車いす使用者優先などの物理的な対策が実施されることが多い。このほか，日除けや休憩空間は，子どもから高齢者・障害者にとっても必要である。トイレや案内などを含めた総合的なバリアフリー環境の工夫も大切である（図7・25）。

(3) 宿泊施設

高齢者や障害者が積極的に旅行を楽しむために，宿泊施設は重要な要素となる。宿泊対象を，健常者や車いす使用者，さらに介助の必要な人とするかにより，宿泊施設の設備も異なってくる。中でも温泉施設では元気な高齢者から重度な障害者との混在した施設利用においては，人的サービスの内容も大きく異なる。そのため施設整備はもとより，サービスする側の心のバリアを取り除いた人的サービスの充実も必要である。宿泊施設の機能のうち宿泊者が利用する空間を大別すると，サービス部門と宿泊部門とに分けられる。

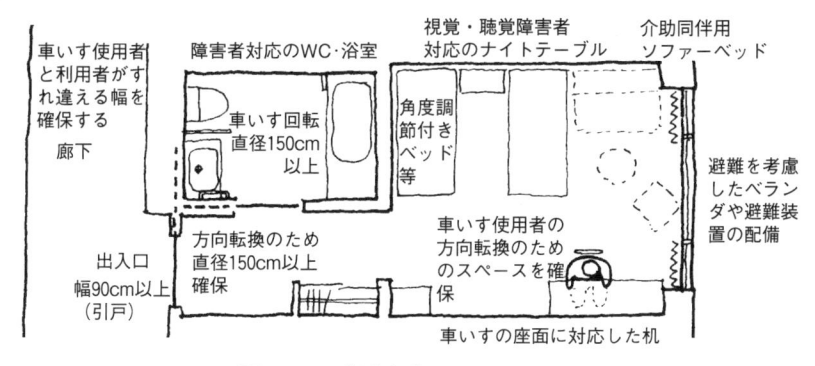

図7・26 宿泊室内のバリアフリー

(a) サービス・パブリック部門

サービス・パブリック部門には玄関やロビー，フロント・案内のほか廊下やエレベータなど昇降機がある。車いす利用や視覚障害者の利用に対応して，通路部分には段差を設けず，高低差のある場合には緩やかな勾配の斜路とし，視覚障害の人々用に誘導装置を設ける。

フロントには近づきやすく，カウンターは車いすのまま対応できる高さや形状がよい。フロントからラウンジや食堂そして宿泊室に至るまで障害なくわかりやすく，短い動線で到達できるようにする。なお，客室部門までの廊下は車いすと利用者がすれ違う幅とし，廊下側壁に手すりを設けるとともに，客室前では手すりに室番号を点字表記する。壁と床は明度差を高めて視覚障害の人にも通路端部であることをわかりやすくする。同様に室番号や呼出スイッチをまとめて見えやすい位置に設け点字表記する。最近ではICカードキーを持った宿泊客が客室に近づくとブザーで知らせる設備も開発されている。

(b) 宿泊部門

宿泊部門には和室や洋室がある。和室の場合は履替えのための踏み込みが設けられ，車いす置き場用のスペースの確保および介助用手すりを設ける。洋室では，車いすの出入りのため内法を90 cm以上とする。宿泊室内で車いすを使用する場合は方向転換のために室内のベッドやタンスさらに机などの家具周りに直径150 cm以上の空間を確保する。

ベッドや浴槽の縁，便座の高さを車いすの座面と同じ高さの40〜45 cmとし，障害者対応のトイレ設備，浴室や浴槽に手すりなどを設ける。浴室への出入口の幅は90 cm以上とし引戸とする。また，ベッドから浴槽まで段差を設けない。角度調節機能付きのベッドは高齢者にも評判がよい。

照明や空調設備等の各種スイッチは車いす使用者でも手の届く高さとし，ナイトテーブルにまとめる。視覚障害者用に振動枕や電話，音声警報装置，聴覚障害者にテレビ補助機や光のチャイム・警報装置等を設ける。また，非常用にベランダに接する宿泊室を障害者用とすることもある。重度の障害者用の宿泊室は，介助リフトをベッドから浴室まで設ける。このほか，介護同伴者用にソファベッドを設ける（図7・26）。

7-4 公園・広場のバリアフリー

本節においては,公園や広場のほか,ビオトープや菜園,水辺空間等の外部空間のバリアフリーについて述べる。

公園などの外部空間の機能としては,都市レクリエーションの場,災害時に備える場,屋外イベントの場,休憩スポットや屋外のオアシスとなる。また,健康維持や体力増進の運動,癒し空間としての心理的な療法効果がある。

都市公園としては,都市計画区域内に地方自治体が設置する公園または緑地があり,住民1人当り敷地面積標準 $6m^2$ とされる。さらに,公園(公園,広場,菜園,ビオトープ含む,屋上庭園)の考え方として,公園の安全計画(視覚や聴覚障害,防災と避難棟の対策を含む),レクリエーションやリフレッシュ機能,修景やまちづくり,環境保全の形成,都市の防災(避難)機能がよりいっそう重視されている。

(a) 公園のゾーニング

公園は,利用者の特性に合わせたゾーニングと施設づくりが重要である。障害者が直接触れることのできる花壇やくつろげる広場など,だれもがアクセス可能なゾーンを入口の近くに設ける。一般の利用者のみならず障害者にとっても利用のしかたにチャレンジや判断が必要なゾーンもある。アクセスはしないが眺めるためのゾーンもある。主要なゾーン間にはだれでも利用でき各施設をつなぐわかりやすいネットワーク計画が必要である。

園内では,つまづく,迷う,落ちる,ぶつかるなど,障害者に多い事故を未然に防ぐため,音声ガイドや案内板,警報の情報やサインも必要である。公園内のゾーンのもつ連続性や選択性の機能を有効活用しその安全性や快適性を保証することがポイントである。また利便性や公共性に配慮しすぎて公園の価値を損なってはならない。

さらに障害者にとって駐車場利用には自動車を移動手段とする場合が多いので,パーキングゾーンの駐車スペースと出入口にはアプローチの安全柵を設け,動線も短くわかりやすくする。

(b) 出入口と車止め

公園内は自動車を完全に排除するか駐車場を準備し出入口には車止めを設ける。二輪車の進入防止柵を設け,車いすや乳母車は入りやすいものとする。出入口には段差をなくし道路からのすりつけ勾配は 1/10 以下とし滑りにくい舗装とする。車止めの間隔は 90 cm 以上とし,前後に 150 cm 以上の水平部分を設ける。乳母車が通れる車止めの幅は 120 cm 以上である。出入口が傾斜路となる場合には手すりを設ける。

(c) 園 路

車いす使用者や杖使用者にとって足元の安定が必要である。車いす操作が重くなる砂利舗装,タイヤのパンクや転倒時にケガの原因となる砕石の通路にはしない。杖が引っかからないようにグレーチングの間隔 2 cm 以下,集水桝は穴が 2.5 cm 以下のものを使用しできるだけ路面の凹凸は避ける。

園路は少なくとも1経路は車いすで利用できるように幅 120 cm で縦勾配 1/25 以下,勾配が 50 m 以上続くときは 150 cm 以上の

水平部分を設け休息できるようにする。なお，園路の水勾配は横方向 1/100 以下，坂では 4/100（4％）以下とする。縁は 50 mm 以上の縁石を設け車いすの前輪が乗り上げない高さとする。

傾斜路の場合は，始点と終点に 180 cm 以上の水平部分を設け，最大の勾配は 1/15 以下，やむをえない場合でも 1/12 以下とする。縦勾配が 1/25〜1/27 では 10〜50 m ごとに，1/17〜1/12 では 10 m ごとに 150 cm 以上の水平部分を設ける。斜路では少なくとも片側に手すりを設ける（図 7・27）。

手すりは標準 80 cm，幼児 60 cm で必要に応じて併用する。屋外の手すりは冬季でも冷たくない材料が望まれ，壁面から 3.5 cm 以上離して設ける。形状は円形で直径 3.5〜4.8 cm がよい。端部は丸くし衝突時に備えるほか，点字の注意事項や説明を付ける。

図 7・27　手すり付きの園路

図 7・28　園路の仕上げ

視覚障害の人が杖や足で方向確認ができるように園路の両側の素材を変える。また明度の違う素材により園路の端部をわかりやすくする（図 7・28）。

公園内のゾーニングを知らせるために園路の素材を変えるなどの工夫もある。また，ぬかるみや窪みをなくし砂塵の舞い上がらない材料とする。

園路に段差が生じる場合は，幅 90 cm 以上の階段を設け，踏面を 30〜35 cm，蹴上げは 10〜16 cm 以下と緩やかにし，蹴込みは 3 cm 以下とする。

(d)　花壇と植栽

季節によって変化する草花の彩り，音や香りは，健常者のみならず障害者の五感をも刺激する。草花に触れることは子どもにとって大切な学習でもあり，障害者にとっても自然を感じることができる要素となる。

車いすに乗ったまま土いじりや園芸，砂遊びが楽しめるようにプラントボックスや花壇を用いる。杖使用者や高齢者が立位のまま容易に触れられる花壇の高さは 90 cm，車いすの場合は 75 cm 程度あれば座ったまま植物に触れることができる。高齢者等が低い腰掛けに座った場合の高さは 25〜40 cm である。

車いすに座ったまま手が届く花壇の奥行きは 60 cm までである。花壇を地面から高さ

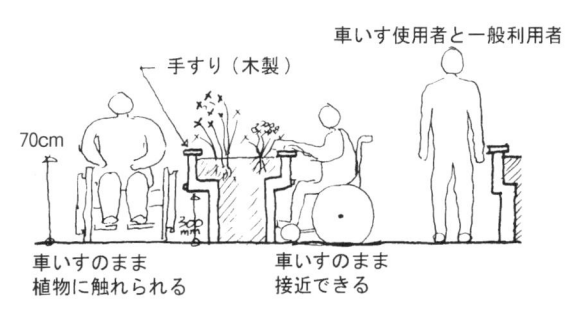

図 7・29　花壇（レイズドベッド）の高さ

30 cm, 奥行き 15 cm の部分を欠き込み, 車いすでも接近できるようにする（図7・29）。花壇の縁は身体を支えるために 15 cm 以下として点字による説明プレートなどを設ける。地植の花壇では車いす止めとして高さ 5 cm 以上の縁石を設ける。

(e) 水飲み場, ベンチ, パーゴラ

　ベンチ, テーブル, 水飲み場, ごみ入れなどのストリートファニチャー（屋外用家具・設備）は, 車いす使用者などでも接近しやすく使いやすいものにする。設置は障害者の通行の妨害にならない位置とする。

　水飲み場は, 子どもの遊び場や運動公園の近くとし, 見通しのよい位置に手洗いと一緒に設ける。車いすでの水飲み口への接近には幅 90 cm, 奥行き 150 cm を確保し, 床は滑りにくく水はけのよい材料とする（図7・30）。飲み口の高さは 70〜80 cm, 水栓の給水ハンドルは自動停止機能付きのレバー式かプッシュ式で飲み口から手の届く範囲とする。水受けは, 視覚障害者が衝突しないよう角をとり, 水はねが少なく清掃が容易で衛生的なものとする。なお水受けの下部に車いすが入り込めるように幅 65 cm 以上を確保する。子ども用踏み石の位置は車いす使用の反対側とする（図7・31）。

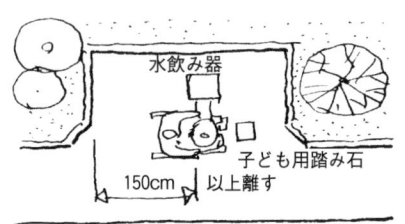

　ベンチや日除けなどは休息スペースであるとともに, コミュニケーションの場で, だれもが接近しやすい位置にあり心地よい場所とする。

　ベンチは, 子どもから障害者までの使用を考える。車いす使用者がベンチに座ることは少ないが, 休息やコミュニケーションのためにベンチの延長として車いす停止場所を確保する。通行の邪魔にならない位置で, 視覚障害のある人にもわかりやすい床仕上げとする。

　公園内のパーゴラや屋根付き休憩所は日差しや寒さから身を守るとともに季節を感じる場である。また屋根付きの場所は急な雨除けの場となる。屋根付き休憩所では, 車いすが

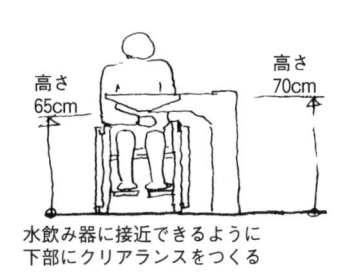

図7・30　水飲み場の幅と高さ

図7・31　水飲み場

図7・32　パーゴラと休憩スペース

回転できる直径150 cm以上のスペースを確保し，車いす使用者も健常者や付添いの人とともに利用できるベンチを設ける。車いすやベンチに着座したまま自然や景観を楽しめるようにする（図7・32）。

(f) 公園内のトイレ

高齢者や障害者にとって公園内に休息場所やトイレの設置の情報がないと外出をためらう場合も多い。そのためトイレがわかりやすい位置にあり，多機能トイレもしくは簡易型多機能便房を設け，清潔に維持管理するとともに，安全のために緊急通報装置を設置する（図7・33）。

(g) 情報伝達とランドマーク

大型の公園ではカリオンや時計台を設ける。時刻を知らせるほか聴覚障害者にとって

図7・34 公園内のランドマーク

音の出る場所は自分の位置を知るためのランドマークとなる（図7・34）。公園の出入口付近に，園全体を把握できる案内図や触地図を設け，各園路の必要箇所には障害者や車いす使用に必要な関連情報を入れておく。音声ガイドやチャイム，鐘の音など，見る・聴く・触れる動作に必要な情報提供を行う。

(h) 水辺空間

公園では草木に触れるだけでなく水や小動物の観察などの場となる。中でも親水空間やビオトープではバードウォッチングなど自然と共生した安らぎを与える。都市部の川や池には水辺に近づくことができる例もある。水辺近くにおりることのできる傾斜路を設け，水との境には車いすの転落防止の手すりや縁石で区分するほか，足下灯などを設置する（図7・35）。

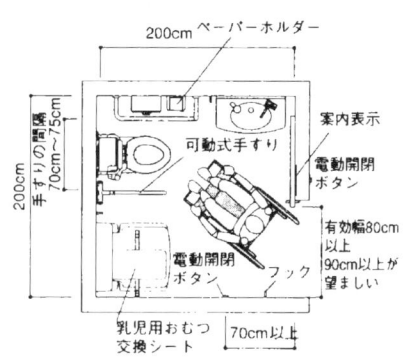

図7・33 多目的トイレと公園内トイレ

図7・35 親水空間と川辺へのスロープ

7-5 サインデザインのユニバーサル化

(1) 情報障害とサインデザイン

視覚や聴覚に障害のある人は，知覚や認識にかかわる情報入手に困難をともなうため，健常者に比べ情報入手が制約されることになり，情報障害者といえる。人間は8割の情報を視覚によって得ているといわれており，助けとなるサインも多く，機能の果たす役割は大きい。視覚障害は多くの困難に直面するため，視覚に代わる他の感覚によって確認することになる。そのためには誘導ブロック，点字や触地図，音響識信号，音声情報案内などの補助手段がある。

聴覚障害のある人は，音響的手段では意思の伝達などが不可能であるため視覚的手段によって確認する。音声情報を補うためには補聴設備，視覚情報への変換，振動や光などによる機械的代替，サインやイラスト，手話や映像などの伝達手段による必要がある。

車いす使用者は手の届く範囲が限られ，視線も健常者に比べ低く限界があることから，車いすに座った姿勢で見えやすいことが求められる。音声や言語障害および知的障害の人は，話すことによる意志の疎通や情報収集の困難があるため，絵文字（ピクトグラム）による表示が求められる。

近年，地上波デジタル放送をはじめ情報革命にともなうITの利用機会や情報機器の活用能力に格差（デジタルデバイド）が生じており，障害のある人や高齢者等を含めて，自由に情報の発信やアクセスができるユニバーサルデザインのアプローチも求められている。情報提供にあたっては，どのような情報を，どのような手段によって，どんな人々に対して，提供するかが課題となる。

情報障害者にとって，情報を入手するための困難は1つとは限らない。したがって情報を複数の手段で伝えるしくみが必要であり全体的なシステムとしての配慮が望まれる。サインデザインは視覚障害のある人以外の情報障害者にとってきわめて有効である。

人工的な自然の地形や空間の変化，交通や移動条件，言語の差異と国際化など急速に変化する中で，利便性の向上や安全性の向上がさらに求められる。そのため日常生活の中でも，状況の認知や説明，規制や誘導などの情報を多くの人に知らせるためにサインのあり方が必要となっている。

(2) サインデザインの種類

サインとは，「しるし」「符号」「合図」など伝達したい内容を記号で示したものやしぐさのことをいう。日常生活で「標識」「看板」「案内地図」などの総称である。サインは利用者との間に，伝える内容（メッセージ）と符号体系（コード）という前後関係（コンテクスト）の関係がある。したがって情報がやり取りされる状況によってサイン計画を行うことが求められ，「どのような情報」を「どのような方法」で「どこに配置」するかが問題となる（図7・36）。

障害者の移動にともなう情報内容として，施設や場所の方向や距離を指示し，行動を誘導・規制する誘導・規制サインと，施設や目標等の位置や現在地の告知のための位置・定位サインがある。また位置関係や昇降条件を案内する案内サイン，注意・指示・事項・その他を示す説明サインなどがある。

7-5 サインデザインのユニバーサル化 *121*

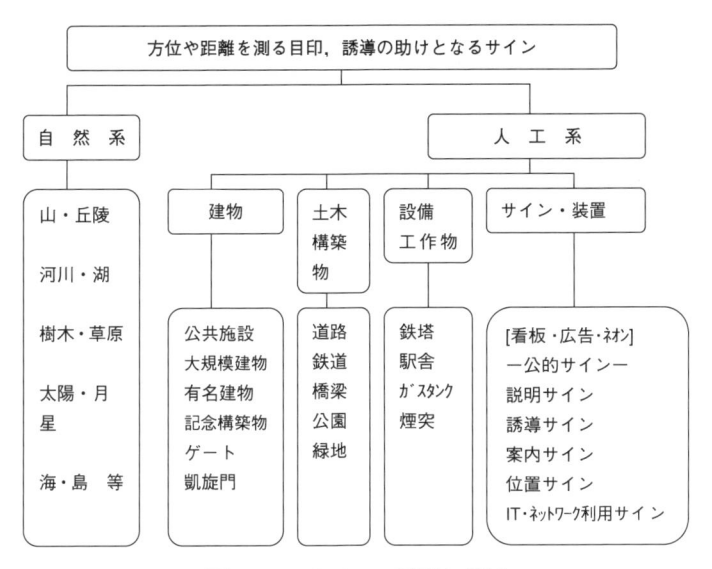

図7・36 サインの種類と役割

図7・37 絵文字と立体的絵文字

サインデザインの表示内容は，だれにでもわかりやすく，サインが相互に関連性のあるもので，統一性や連続性のあるものとする。なお，緊急性が必要なサインでは伝達性が高いサインを使用し，サインの色や見えやすい位置に掲示する。なお，掲示にあたっては安全な場所および形を工夫する（図7・37）。

(a) 絵文字

不特定多数の人々が集まる公共空間で，直感的に言葉を用いずに理解できる表示や案内を提供する方法として絵文字を使用する。絵文字は子どもから高齢者さらには，国籍を問わず理解できることが求められる。2002年にピクトグラムがJIS規格化され，標準案内用の図記号がある。また重要な情報については外国語表記も併用される（図7・38）。

1つのピクトグラムだけではなく，注意・禁止・指示の図記号を組み合わせ，簡潔に誘導や説明をする。あまり多くの絵文字をならべない。

(b) 点字と音声案内

視覚障害の人は，空間イメージが頭の中でつくられたメンタルマップに描かれてはじめて単独歩行が可能となり，知らない場所や施設では，触知図や情報マップが役立つ。点字を付記した地図によって空間構造を直接的に理解することができる立体図である。点字のほか説明ボタンや音声情報案内（トーキングガイド）や呼出ボタンを併用することにより，行き先の案内や誘導もできる。

屋外設置の場合，夏が暑く冬は冷たい季節変化の影響があるので点字は摩耗が早く図は汚れやすい。屋外環境条件による方位や場所を示す情報・サインは特に検討を要する。そ

図7・38　JIS-Z 8210 標準案内用図記号

図7・39　音声・触知の案内板

こで垂直に置かれた点字は読みにくいために角度を持たせた横置きとする。そのためこれらの情報ボードの設置は触知図の後方に2m程度離し，通行の邪魔にならない位置に設置する。点字は一部の人にしか読むことができないといわれ音声ガイドによる補助が必要である。これらは高齢者も利用することからわかりやすい大きな押しボタンとともに大きめの文字で表記する。

(c)　IT の利用

視覚障害の人の歩行については IT を使用し，歩行方向から進行方向の言語説明するトーキングサインがある。交差点に IC タグを設け，ハンディ機により受信する。視覚障害のみを対象とするだけでなく外国語情報や音声情報を提供するなど，幅広い利用について実験中である。また GPS により高齢者や児童の位置確認のサービスなどもある。

(d)　安全色と安全標識

絵文字やサインでは明視度を高め，周囲の環境からサインを区別し見つけやすくすべきである。また，工場や学校，病院，劇場や駅などの大勢の人の生活する場所では，災害防止および緊急体制の施設表示には，色彩を使用する場合に，危険や注意にかかわるサインの色彩を JIS 規格では白と黒を含む8色の安全色が決められており，系統だてた適切な色を使用する（表7・2）。

(e)　防災避難のためのサインデザイン

一般に非常警報装置が用いられるが，聴覚障害者にとっては点閃光発射ライトによる警報装置の滅型誘導音装置付誘導灯を用いる。

表 7・2 JIS Z 9103-1995 安全色と表示事項と使用箇所

色	表示事項	使用箇所
赤	防火・禁止 停止・危険	防火，禁止，停止，高度に危険 消火器，警報機，立入り禁止
黄赤	危険・保安	災害や障害の危険標識 救命いかだ
黄	注意・明示	注意信号や警報，出口，改札
緑	安全・避難 衛生・進行	安全旗，非常口，救護所 進行信号，方向を示す標識
青	指示・用心 誘導	修理中，ガス測定中
赤紫	放射能	放射能貯蔵管理区域

また，車いす使用者にとって，天井近くに設置された警報装置は見えにくい。床面や壁面の表示も必要である。

(3) サインの表示形態

① サインの大きさと距離

高齢者の加齢が進むと視力や認知能力が低下する。また，文字やサインは視距離が遠いと見えない。文字の大きさや内容表記の明示は視距離によってきまる（表 7・3）。

② サインの角度とサイトライン

健常者の通常視野の視線は座ったままの車いす使用者より 40 cm 高い。両者がともに見やすい視線の高さは 135 cm である。一般

表 7・3 視距離と文字の大きさ

視距離	和文文字高	英文文字高
30 m	120 mm	90 mm
20 m	80 mm	60 mm
10 m	40 mm	30 mm
4〜5 m	20 mm	15 mm
1〜2 m	9 mm	7 mm

に移動しながら遠くから視認する場合，仰角 10 度より下側が有効視野に入り見やすい範囲である。また視認できる限界はほぼ 30 m である（図 7・40）。

車いす使用者や子どもなど視線が低い利用者にとって，前方に人がいる場合は健常者に比べて見やすい範囲が限定され視認が困難である。遠くから視認するサインの掲示高さは，視距離に応じて文字の大きさを選択したうえで，視認距離から仰角 10 度より下の範囲内でできるだけ高い位置に設置する。

③ サインの掲示位置と方法

サインを表示する場合に，高い位置からの吊下げ，建物の壁面への突出や壁面自体への貼付け，掲示機器の自立や床への埋込みがある。建物内の廊下や地下街の通路等では，視界や通行を妨げないように視認できる突出したサインを設ける。

進行方向と関係がある場合は，進行方向正面の天井（一般に 2.5 m）に吊り下げられる。鉄道改札や進行方向案内等に使用され，遠方より確認でき徒歩や自動車などのスピードに対応できる（図 7・41）。

立ち止まった静止状態での視認が必要な掲示には，壁付けのサインが多い。付けられた場所そのもの，または一般広告等の場所や時間の関係性がうすい情報である。掲示の情報量が多いと見る側は混乱することになるのである程度の整理が必要である。

場所の案内や交通標識などは，設置場所とサインに何らかの関係がある場合に多く使用される（図 7・42）。掲示場所は距離によって高さを検討する。車いす使用者や子どもには，正面壁への掲示は 120 cm 程度の高さとする（図 7・43）。また，成人と車いす使用者とがともに見るためには 130 cm 程度とす

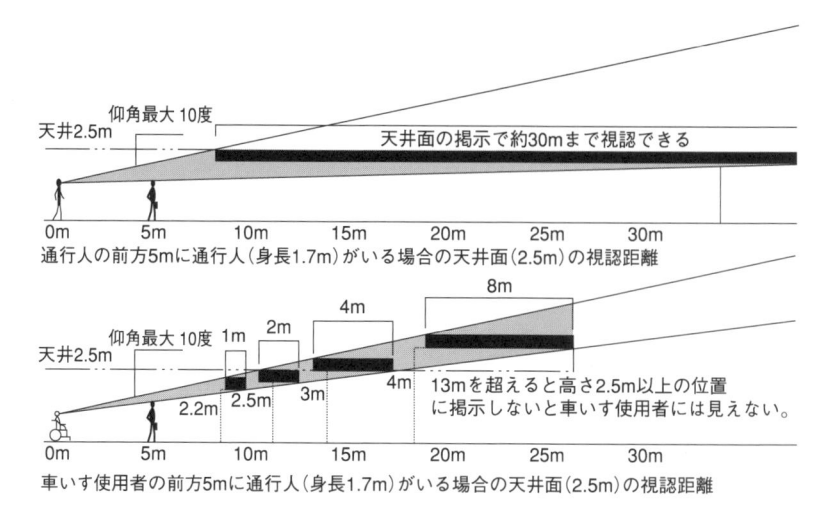

図7・40　視距離と高さ

図7・41　突出と吊下げ

図7・42　自立

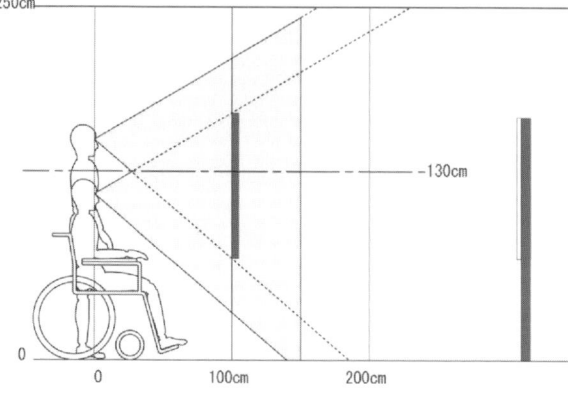

図7・43　壁付け

る。一般に通行中の仰角は10度であることから、一般通行人の場合に視認距離は遠方約30mまでで、高さ約5m程度の掲示までは見える。車いす使用者では10m先で高さ2.5mの位置の掲示、20m先では高さ4mの位置の掲示とする。火災などの緊急時には排煙に対応して避難行動における人々の呼吸動作を優先し避難経路のサインを床面埋込みが法令化されている（図7・44）。

(4) サインデザインの事例

サインデザインの要素は、わかりやすさ、

図7・44　埋込み

幅広い対応，安全性，親しみやすさ，美しさがあげられる。地域ごとに自然の景観や風景もサインの1つとなり，それらにはだれもが親しみを持って受け入れられることがユニバーサルデザインとしての要点でもある。

また，注意事項や報告の用紙が所かまわず貼られたり，見えない大きさでいずれも同じ字形のためにどの報告も同じに見えたりすることが，公共施設のロビーなどで見ることが多い。本来，報告すべき情報や誘導すべき動線は，建築計画とともにサイン計画として行われるべきである。これによって情報の量的氾濫をおさえ，サインの総合性やシステム性が保持され，空間の使用を補足し，機能を向上させるサイン計画となる。

ITの進展にともない，緊急災害時や停電時のコンピュータネットワーク不調や通信回線の混乱など，ITのみへの依存や偏りにも問題が多い。阪神淡路大震災を契機として，伝言サービスが携帯電話にも登場したが，避難所では生存や所在の伝言が数多く貼られ

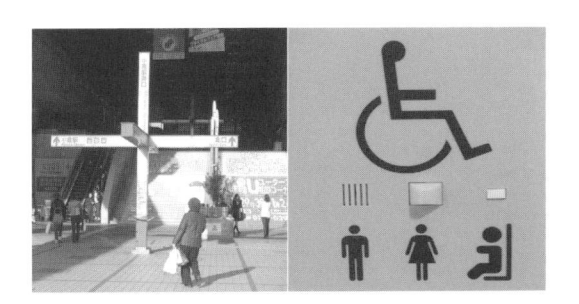

図7・45　モニュメント化されたサインとUD化

図7・46　大型壁面案内

た。個人の情報がはじめて公的空間に登場し，個人による情報の発信が可能であるかぎり，人々にサインを送ることも重要な要素である。

参考文献・出典
1) 井上由美子：バリアフリー・サイン計画とまちづくり，中央法規，1998
2) 田中直人編著：福祉のまちづくりキーワード事典，学芸出版，2004
3) 日本建築学会編：コンパクト建築設計資料集成，丸善，1999
4) 檮木武：ユニバーサルデザインのまちづくり，森北出版，2004
5) JIS-Z 8210
6) ㈱シーマコンサルタント：太宰府市公共サインガイドライン作成業務企画書，2006
7) 監修：国土交通省，編集：人にやさしい建築・住宅推進協議会「ハートのあるビルをつくろう」ハートビル法パンフレット，2003

第8章
福祉住環境の機器・設備

8-1　福祉用具の活用とは

　福祉用具・福祉機器・住宅設備（以下，福祉用具とする）を上手に利用すれば，生活機能が低下し日常生活を営むのに支障のある高齢者や障害のある人々の生活を支えることができる。

　視力が低下したり弱視の人が，眼鏡やコンタクトを使用するように，たとえば，加齢により歩行が不安定になってきた場合，手すり，杖，歩行器，車いすなどを使うようになる。そして，視力検査をすることと同様に，利用者の身体状況に適合した福祉用具を使用すれば，生活機能の低下を補うだけでなく，活動や参加の機会を得る[1]ことが可能になる（図8・1）。

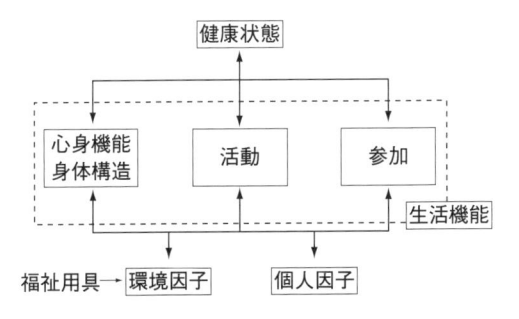

図8・1　国際生活機能分類（ICFによる）
（一部は，筆者加筆による）

　さらに，介護が必要な場合は，介護負担の軽減にもつながる。しかし福祉用具が利用者に適合していない場合は，生活機能の低下が補われないだけでなく，活動や参加の機会も失うことになる。

　利用者の日常生活動作（ADL: Activities of daily living）状況と使用が予想される福祉用具の関連を表8・1に示した。介助の必要性が高まるほど，福祉用具の必要性も高まってくる。また介助の必要性が高まるほど，動作環境への適応能力が減少していくため，福祉用具の適合または不適合の影響が大きくなる[2]。したがって，利用者のニーズに適合した福祉用具を選ぶためには，それらの役割と正しい使い方を理解しておくことが必要である。

　利用者のニーズは多種多様であり，①身体機能（疾病，障害，ADLなど），②精神機能（認知症の程度，失認症など），③物理的環境（建物の間取り，設備など），④経済的環境（収入，社会保障など），⑤社会的環境（家族の介護力，社会資源など）などから総合的に把握する必要がある。

　そして，福祉用具も個々の障害に対応しているために多種多様である[3),4),5]。本章では，表8・1に示す福祉用具について，主として高齢者の利用を想定したものを解説する。

表 8・1 利用者の ADL と福祉用具の関連

主な空間	主な動作	福祉用具	利用者のADLの例					
			自立			⇄	介助	
			独歩	杖使用者	歩行器使用者	車いす(自操者)	車いす(介助者)	ベッドで寝たきり
居室寝室廊下玄関階段等	移動	手すり	◎	◎	◎	◎		
		杖		◎				
		歩行器			◎			
		車いす				◎	◎	
		昇降機				◎	◎	
	移乗	手すり	○	○	○	○		
		昇降いす				○	○	
		簡易移乗具				○	○	
		ホイスト					○	○
	起居	手すり	○	○	○	○		
		いす	○	○	○	○		
		座位保持装置					○	○
		ベッド	○	○	○	○	○	○
トイレ寝室	排泄	手すり	○	○	○	○		
		昇降便座	○	○	○	○		
		ポータブルトイレ				○	○	
浴室	入浴	手すり	○	○	○	○		
		シャワーチェア	○	○	○			
		家庭浴槽	○	○				
		座位式浴槽			○	○		
		臥位式浴槽				○	○	○

○ 屋内での使用が予想される項目
◎ 屋内外での使用が予想される項目

8-2 移動の福祉用具

(1) 手すり

手すりの役割は，歩行や動作を補助して転倒を防止することである。以下では，建物の内外に設置された手すりの種類とその特徴について示す。

(a) 歩行補助手すり

歩行を補助する手すりは，階段・廊下・スロープなどにある長尺の手すりである（図8・2）。日本の住宅は，道路から玄関までの段差・玄関の上がり框・部屋の入口の敷居などの段差が多く，車いすや歩行器の使用が困難なケースが多い。このような環境下で歩行が困難な場合は，玄関，廊下，階段，トイレ，浴室などに手すりを付けて，伝い歩きができるようにする必要がある。個人の住宅では，手すりの利用者に適した位置に設置することが望ましく，たとえば歩行補助手すりの高さは大転子骨（図8・3）のあたりがよいといわれている。

公共施設などの不特定多数の人が利用する建物の手すりの高さは，床から75〜85 cm程度である。また，背の低い人や車いすでスロープを移動する人などには，60〜65 cm程度の手すりを追加した2段手すりが望ましい（図8・4）。

図 8・2 歩行補助手すりと手すり機能を持つ収納の組合せ

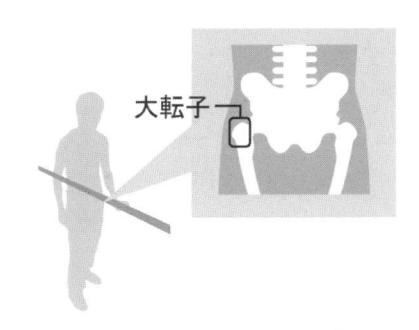

図8・3　手すりと大転子骨

図8・4　2段手すり

なお，視覚障害の人は，手すりをガイドとして使用するので，手すりは連続していることが望ましい。また，点字表示の対応や周囲の色と色違いの手すりを付けることで，位置や手すりの確認が容易になる。

(b) 動作補助手すり

動作を補助する手すりは，玄関，トイレ，浴室などに設置する手すりで，立ち座りや身体を支える動作を補助する。なお，動作を補助する手すりの詳細な説明は，「移乗」などの他項で詳しく述べることにする。

(2) 杖

杖の役割は，歩行を補助して転倒を防止することである。杖の種類には①一本杖，②多脚杖，③ロフストランド杖，④松葉杖，⑤白杖などがある（図8・5）。①〜④の具体的な役割は，歩行困難な人の身体の支持，バランスの保持，体重の免荷，歩行時の姿勢の改善，歩行能力の向上などである。⑤の白杖は役割が異なり，情報収集，防御，存在を周囲に知らせることである。

杖の条件は，丈夫，軽い，握りやすい（障害に合った形），杖先が滑りにくい，握りの高さが身体に合っているなどである。握りの高さを決める一般的な方法は，直立した状態で足の小指より15 cm前方，15 cm外側に杖の先を置き，腰に引きつけて杖を握った位置で，肘が完全伸展位より30度屈曲した状態で大転子と杖位置が一致しているのが適当といわれている。

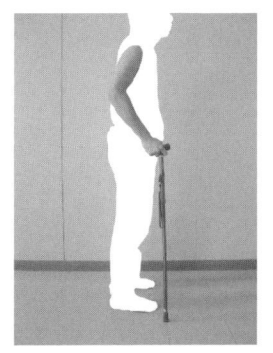

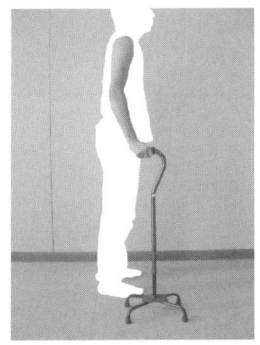

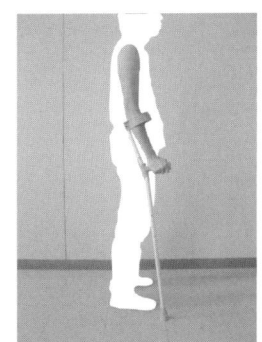

図8・5　一本杖，多脚杖，ロフストランド杖

(3) 歩行器

歩行器の役割は歩行を補助して転倒を防止することである。歩行器は杖よりも安全性が高いので、杖を使う前の段階での歩行訓練にも適している。以下に歩行器の種類とその特徴を示す。

① 4脚歩行器

4脚歩行器には、固定型と交互型がある。固定型は、歩行器全体を持ち上げて前方に下ろした後、片足を1歩前に出し、次にもう一方の片足を前に出して立つ。この繰返しで少しずつ歩く道具で、膝関節症、リウマチなど杖が使えない場合に有効である。交互型は、左右のフレームがフレキシブルにつながっていて、左右の脚を交互に持ち上げて前へ出して歩く道具であり、初期の歩行訓練に適している（図8・6）。

② 4脚2輪歩行器

4脚のうち前脚にキャスターが付いている歩行器である。後脚を持ち上げるだけで移動可能なので、手の力が弱い人でも使用できる。4脚歩行器よりも軽く早く進むことが可能である。

③ 4輪歩行車

安定性があり軽く進むので、歩行補助が必要な場合、早い時期からの歩行訓練に使用することがきる。最初は肘掛けにもたれるように歩いても、徐々に正しい姿勢になるように練習する。寝たきりで全身の体力が衰えた場合や、下肢障害がある人に有効である（図8・7）。

④ シルバーカー

歩行器の機能に、折りたたみ式の買い物カーやベビーカーの機能を複合したものである。訓練用の歩行器とは違った日常生活用具になっている。下肢の弱った高齢者の外出用としての利用が多い（図8・8）。

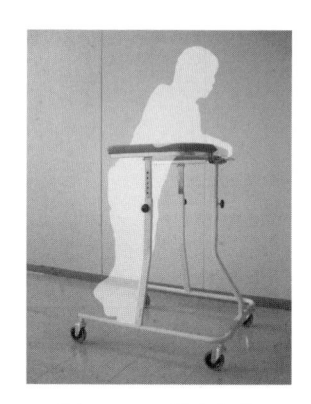

図8・7 4輪歩行車

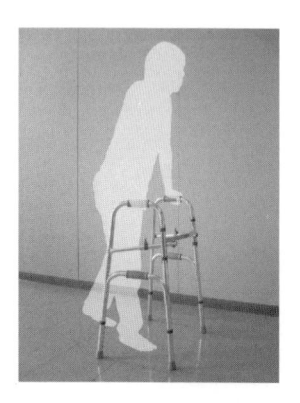

図8・6 4脚歩行器

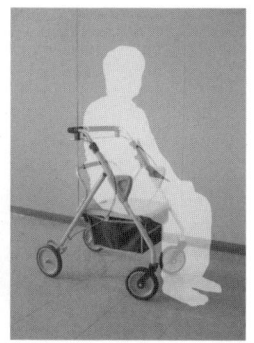

図8・8 シルバーカー（2点とも）

(4) 車いす

車いすの役割は、「車」として移動すること、「いす」として座位姿勢を支えることである。車いすは、障害の状態、使用目的、使用環境などの個別のニーズを検討して選定しなければならない。車いすの駆動方式は手動と電動に分けられる。手動車いすの種類としては、自操型や介助型などがある。また、製作方法からの種類には、オーダーメイド型、量産型、モジュラー型などがある（車いすの基本構造は図 2・4 参照）。

(a) 自操型車いす

① 後輪駆動式車いす

ハンドリム付きの駆動輪が後方にある車いすであり、広い用途で最も一般的に使用されているものである。いすとしての座り心地を重視した車いす（図 8・9）、スポーティータイプの車いすなどもある。

② 前輪駆動式車いす

ハンドリム付きの駆動輪が前方にある車いすで、トラベラー型ともいわれる。後輪駆動式車いすとの相違は、前輪が大きいので段差の乗り越えが容易、回転半径が小さい、前方

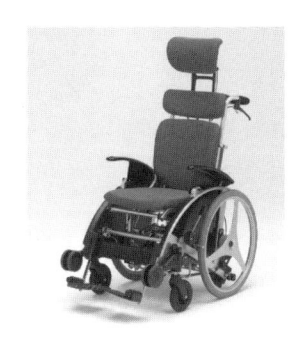

図 8・9　座り心地を重視した車いす

図 8・10　足駆動式車いす

からしか移乗できない、机などへのアプローチが難しいなどである。

③ レバー駆動式車いす

肘掛けに取り付けた駆動レバーを、ボートのオールを漕ぐように前後に操作する車いすである。駆動レバーの操作だけで、前進後退や左右への方向転換が可能である。駆動レバーが移乗を妨げる場合もある。

④ 足駆動式車いす

足だけで駆動する車いすである。後輪駆動式車いすの形で、レッグサポートがないタイプの車いすの使用が多い（図 8・10）。

(b) 介助型車いす

ハンドリム付きの駆動輪がない車いすであり、移動に必要な動作は介助者が行う。前述した後輪駆動式車いすと構造がほぼ同じで駆動輪を小さくした車いす、後輪駆動式車いすに補助ブレーキを付けた車いす、ベビーカーに構造が近いバギー車などがある。折りたたみが可能な場合は、小型・軽量化なども重視される。リクライニング機能やティルト（背面と座面が同じ状態でリクライニングする）機能を有する車いすなどもある（図 8・11）。

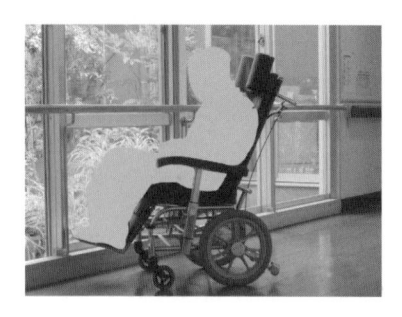

図8・11 介助型車いす（ティルト・リクライニング機能付き）

(c) モジュラー型車いす

利用者の身体寸法や使用目的に合わせて，調整や部品交換などが可能な車いすである。具体的には，座面の高さ・幅・奥行き，座面と背もたれの角度，背もたれの高さ，肘掛けの高さ・長さ・着脱，レッグサポートの長さ・形状，等々の調整や交換が可能であり，座位保持や移乗動作の補助にも配慮されている。身体機能の変化にも対応可能であるが，利用者の使用目的や使用環境を理解した車いすの調整ができる人が必要である。

(d) 電動車いす

電動で駆動する車いすである。一般的な電動車いすの操作は，肘掛けの前方に取り付けられたジョイスティックの操作によって行う。手動車いすに比べて重量があるが，電動機能を利用した電動ティルト・リクライニングタイプ，座面昇降タイプなどがある。また手動式車いすに後付けするタイプもある（図8・12）。

(5) 昇降機

昇降機の役割は，階段の昇降動作や段差を乗り越える動作を補助することである。上下方向への移動は身体的負荷が大きく，住宅内でも階段や段差がある場所で，転落や転倒事故が多く発生しており，安全性への配慮が必要である。昇降機の種類としては，以下のものがある。

(a) 階段昇降機

① いす式階段昇降機

階段に敷設したレールに沿って，電動でいすが昇降する装置である（図8・13）。直線階段にも折れ階段にも対応可能である。住宅の場合，階段の幅と強度が必要であるが，ホームエレベータのような大がかりな住宅改造が不必要で，取付けや撤去は比較的容易であ

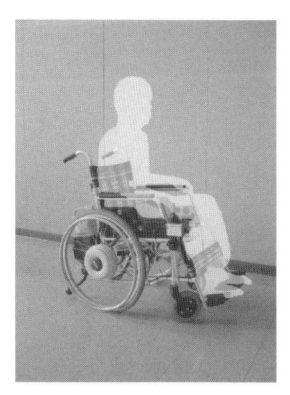

図8・12 電動車いす（後付けタイプ）

図8・13 いす式階段昇降機

② 車いす用階段昇降機

階段に敷設したレールに沿って，車いすを箱に乗せて昇降する装置である。駅の階段などでの使用が多い。

③ キャタピラー式階段昇降機

利用者を座らせて，あるいは車いすのまま乗せて，キャタピラーベルトで昇降する装置である。踊り場や平坦地での走行も可能である。

(b) 段差解消機

地面と屋内床面の高低差の昇降などに使用する装置である。道路から玄関までの段差や玄関の上がり框などは，車いすや歩行器にはバリアであり，これらの段差のバリアを解消する道具である。狭い敷地の場合には，スロープの代用として有効である。

(c) ホームエレベータ

上下階を昇降する装置である。家族全員が利用できるユニバーサルな設備である。油圧式や電動機式などがあり，昇降方法は多様で，それぞれ取付け面積や地上面の構造などが異なる。また，増改築の場合は，建物強度などの確認が必要である。

8-3　移乗の福祉用具

(1)　手すり

ここでの手すりの役割は，移乗動作を補助することである。玄関・トイレ・浴室などでは，立ち座りや身体を支える動作を補助する。形状としては，Ｉ型やＬ型がある（図8・14）。

(2)　昇降いす

昇降いすの役割は，立ち上がり動作を補助することである。バネやモーターで座面を昇降して，立ち上がり動作を補助するが，完全に立位になるところまでは昇降しないので，ある程度自力で立ち上がることが必要である。床からの立ち上がりを補助する昇降式の座いすもある（図8・15）。膝に痛みがある場合や，下肢筋力が低下して立ち上がり動作が困難なときに有効である。

図8・14　引戸開閉の動作補助手すり

図8・15　昇降いす

(3) 簡易移乗具

　簡易移乗具の役割は，移乗・移動動作を補助することである。体重が重い人の場合は，介護者にも過重な負担がかかり，移乗時の抱え上げる介助動作で腰を痛める場合が少なくない。室内の床を移動する座位式走行リフトの場合は，利用者のベッドから車いすへの乗せ替えや，トイレなどへの移動時に使用される（図8・16）。立ち上がりは困難であるが，座位が保持できる人に有効である。

(4) ホイスト

　ホイストの役割は，移乗・移動動作を補助することである。ハンガーに身体吊り具をかけて，人をモーターなどを使って持ち上げて移乗し移動する。座位が保持できない人や，移乗介助が困難なときに有効である。ホイストには次の種類がある。

① 天井走行式

　人を吊り下げて，天井に敷設したレールに沿って移動するホイストである。居室からトイレや浴室などへレールを敷設すれば，広い範囲の移動が可能になるが，レールの取付け工事が大がかりになる。

② 床走行式

　人を吊り下げて床を走行するホイストである（図8・17）。座位式走行リフトと類似の機能を有するが，脚部が大きい床走行式ホイストは，廊下などの狭い場所での使用が困難な場合がある。

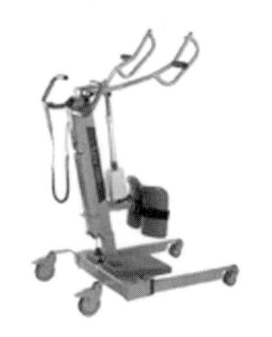

図8・17　床走行式ホイスト

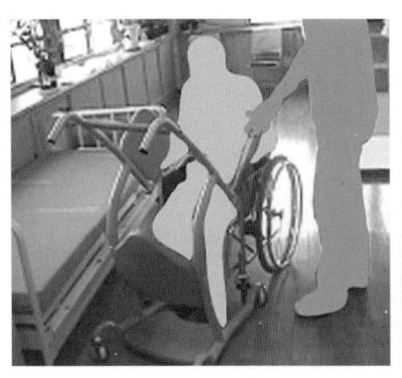

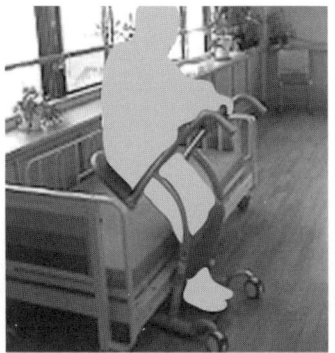

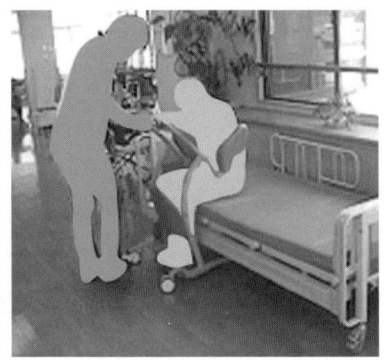

図8・16　座位式走行リフト（ベッドから車いすの場合、3点とも）

8-4 起居の福祉用具

(1) いす

いすの役割とは，体位保持を補助することである。日常生活では，人は多くの時間を座る姿勢で過ごしている。座面の高さ・幅・奥行き，座面と背もたれの角度，背もたれの高さ，肘掛けの高さ・長さなど，素材の硬さなど使用目的や使用環境を検討し，利用者に適したいすを選ぶことが望ましい（図8・18）。

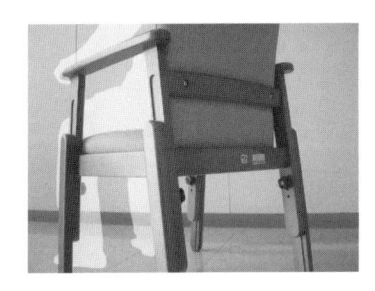

図8・18　座面高や肘掛け高の調整可能ないす

(2) ベッド＋手すり

ベッドの役割は，体位保持を補助することである。介護用ベッドには，背もたれ座位の保持に有効な背上げ・脚上げ機能，端座位（ベッドに腰をかけて座る座位）の保持や介助に有効な高さ調節機能などが付いている。なお，自力で寝返りができない人には，床ずれ防止用のマットレスを使用する。また，起き上がりや立ち上がり動作が困難な場合，動作を補助する手すりの使用が望ましい（図8・19）。

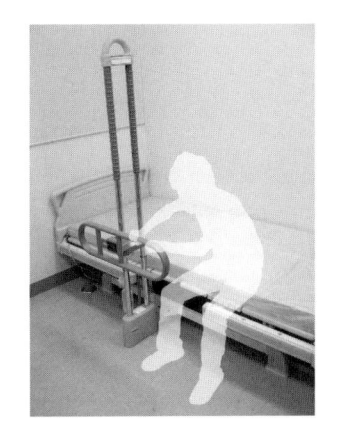

図8・19　ベッド＋手すり

8-5 入浴の福祉用具

(1) シャワーチェア，シャワー用車いす

シャワーチェアの役割は，入浴時の洗体動作を補助することである。シャワーチェアの種類には，背なし，背付，肘付，座面回転などのタイプがある。座面に水分が溜まりにくく，いすの脚が滑りにくいように工夫されている。利用者の足底が床につくように，高さ調節が可能なものが望ましい。また，シャワーチェアにキャスターがついたシャワー用車いすは，入浴時の歩行困難者の移動補助の役割が付加する（図8・20）。

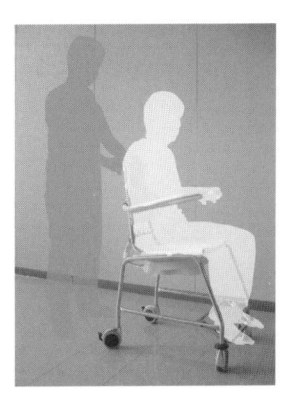

図8・20　シャワー用車いす

(2) 浴槽＋手すり＋移乗台

　手すりと移乗台の役割は，浴槽への出入りの際の立ち上がりやまたぎの動作を補助することである。また，浴槽の縁の高さと，洗い場で使用するいすや車いす，移乗台の座面の高さを合わせると，平行移動がスムーズになり，またぎ動作も容易になる（図8・21）。浴槽の縁が高い場合は，洗い場に踏み台を置き，浴槽内に腰掛けを置くなどして対応する。なお小柄な利用者の場合，背中の面が傾斜している浴槽は身体が沈み込みやすく，大きい浴槽は身体が浮き上がりやすいので注意が必要である。浴槽周りに2方向以上の空きがあると，介助が行いやすい。

図8・21　浴槽＋手すり＋移乗台

(3) 座位式浴槽

　座位式浴槽の役割は，またぎ動作は困難であるが，座位が保持できる人などの入浴動作を補助することである。いす昇降機を用いていすに座ったまま入浴するタイプ（図8・

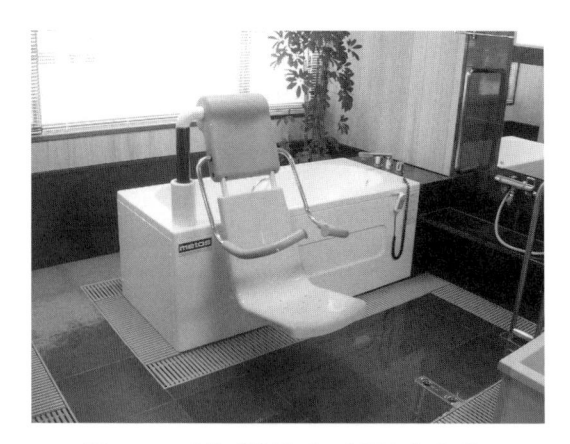

図8・22　座位式浴槽（いす固定タイプ）

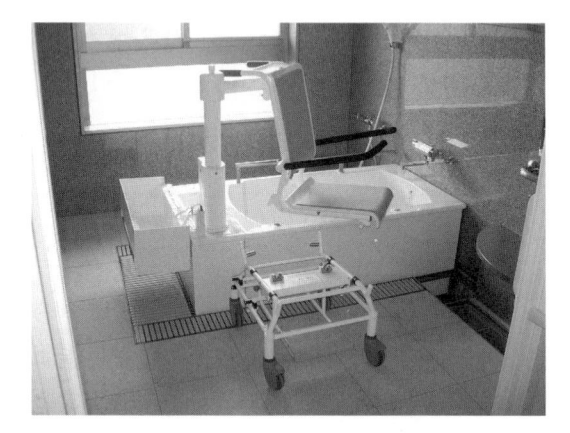

図8・23　座位式浴槽（いす分離タイプ）

22），シャワー用車いすのいす部分が分離して座ったまま入浴するタイプ（図8・23）などがある。

(4) 臥位式浴槽

　臥位式浴槽の役割は，関節の拘縮が著しい人や，座位が保持できない人などの入浴動作を補助することである。ストレッチャーのまま移動して入浴するタイプ（図8・24），2台のストレッチャーを交互に使用して介助の効率化を図る順送式タイプなどがある。

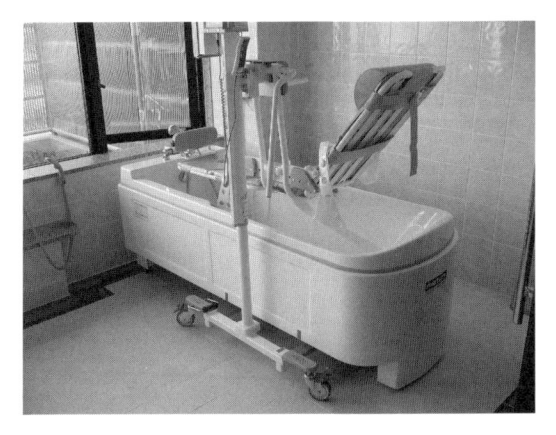

図8・24　臥位式浴槽

8-6　ユニバーサル化を目指した福祉用具

(1)　福祉用具の基本は「人にやさしい」

「ヒューマニゼーションのための環境デザイン」を志向する，ユニバーサル化を目指す福祉機器の開発事例として，本項では入浴時の福祉用具である浴槽の商品開発について検証する。

利用者の目線レベルにおいて，介護施設での入浴環境と在宅での入浴環境を比較した場合，図8・25のような構図になる。

それぞれの施設の入浴環境や介護方針の状況にもよるが，介護施設での入浴は，不特定多数の職員に介助されることが少なくない。他人とのかかわりが多く，プライバシーが喪失しがちな入浴環境では，本来，施設利用者が「気持ちよく」「楽しく」「快適な」雰囲気を味わい，生きようとする意欲が増大するはずの入浴が，生活でのつまづきになるという可能性がある[6),7)]。

(2)　ユニバーサル化を目指した商品開発

介護浴槽のデザインは，普通の暮らしの浴槽のデザインとは異なり，前述した座位式浴槽や臥位式浴槽などは，医療機器に近い特殊なデザインが多い。残念ながら，いまだに一般的な傾向として，特殊なデザイン（道具）の利用者は，その人の個性や人格に関係なく，マイナスのイメージを持たれがちであり，そのため道具もまた，生活でのつまづきになるという可能性がある。

ヒューマニゼーションに配慮することで，入浴本来の目的を叶えながら，入浴が楽しく，心身のリフレッシュから生き甲斐を感じる気持ちを支えていけるような，さらなる介護浴槽の条件を満たした商品開発の事例を紹介する（図8・26）。開発のポイントは以下のとおりである。

ポイント①　狭い空間でも，より豊かに生活する

1つの浴槽で利用者の生活機能の変化に対応できる和風の感覚を採り入れている。しかも，普通の浴槽のデザインで空間を効率的に利用できる。

ポイント②　将来の介護力不足に備えて，在宅介護を可能にする

たとえ女性が1人でも，過大な労力を使わずに，比較的簡便に，必要なときにスムーズに，安心して介護ができる。

ポイント③　美しく，健康に年齢を重ねるた

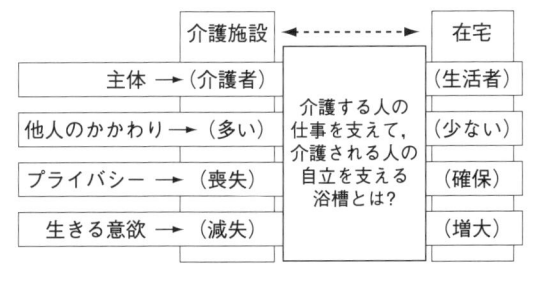

図8・25　介護施設と在宅の入浴環境の比較

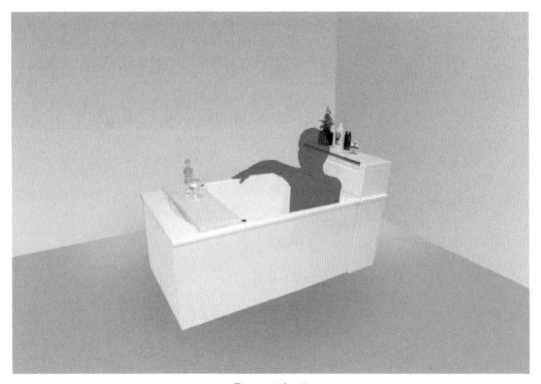

① 独歩 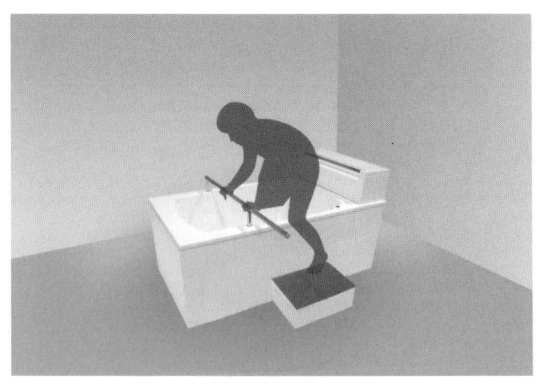　　　　　　　　　　　② 杖使用者

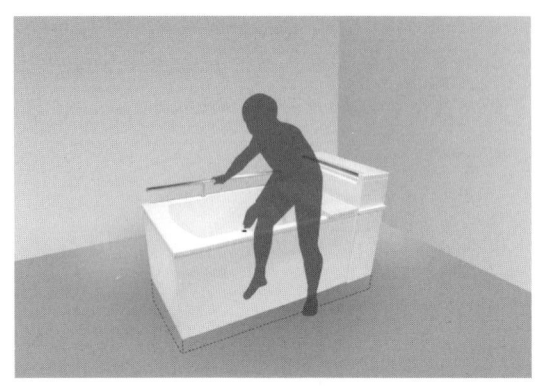

③ 歩行器使用者 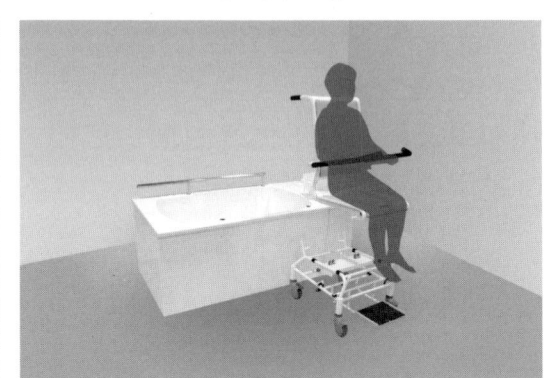　　　　　　　④ 車いす自操者

図8・26　ユニバーサル浴槽

めの入浴スタイルを追求する

できる限りそれまでと変わらない生活を続けるために、さりげなく自立を支える配慮をする。

(3) デザインの検証

ユニバーサル浴槽のねらいは、普通の浴槽が、介護が必要になったときには、そのまま介護浴槽として使用できることである。検証の結果[8]（図8・27）、独歩から車いす使用者（拘縮がある人を除く）までが利用できる可能性が確認された（表8・2）。

このユニバーサル浴槽は、介護施設はもちろんのこと、在宅福祉にも寄与できる可能性が高いと考える。また、当初は普通の浴槽と

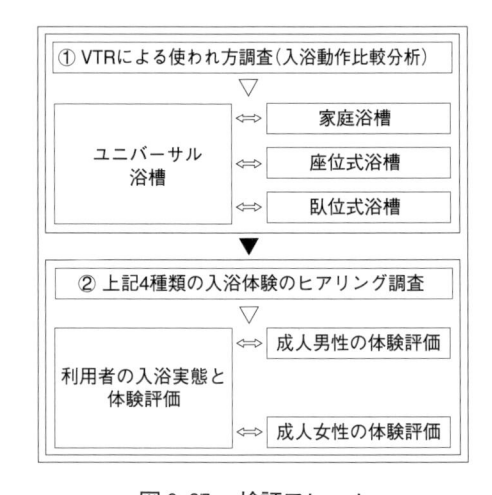

図8・27　検証フレーム

して使用することから、福祉用具と意識させないデザインで、かつ、生活機能が変化した場合でも手すりや昇降装置の取付け等で介護浴槽としても使えるというユニバーサルな発想が求められた。

表8・2 対象者のADLとユニバーサル浴槽の関連

主な空間	主な動作	福祉用具	利用者のADLの例					
			自立 ⇄ 介助					
			独歩	杖使用者	歩行器使用者	車いす(自操者)	車いす(介助者)	ベッドで寝たきり
浴室	入浴	家庭浴槽	○	○	○			
		座位式浴槽				○	○	
		臥位式浴槽						○
		ユニバーサル浴槽	○	○	○	○		

＊ ○使用が予想される項目

ところで，ユニバーサルデザインの究極の目標は，1つのデザインでみんなが使えるというモノであるが，1つのモノですべての人のニーズに対応できることはほとんど不可能に等しい．この点がユニバーサルデザインをめぐって生じる誤解である．ユニバーサルデザインに求められているのは，モノをつくるときに，より多くの人のニーズに対応できるようなデザイン的配慮であると考える．

たとえば，浴槽の内寸の大きさを決める場合でも，一般成人の寸法に合わせて製作した場合，小柄な高齢者には大きいために身体が浮きやすくなる．一方で，小柄な高齢者の寸法に合わせて製作した場合，一般成人には窮屈な大きさになる．このユニバーサル浴槽の場合は，一般成人の入浴時と高齢者がいす昇降装置を使用した座位入浴時（浴槽内にいすが入り込む分だけ狭い）の双方に快適な寸法を採用した．身体が浮きやすい可能性がある小柄な高齢者への対応は，浴槽の内寸を短くする仕切り板の利用を検討している．

この浴槽の開発におけるユニバーサルデザインの実現手法は，生活環境への適応能力が減失していくときに生じるバリアを，浴室内に支柱や棒などを張りめぐらせる，特殊な形状の浴槽で入浴する，等々の特殊解による解決方法ではなく，できるかぎり一般解として解決することを目指している．具体的には，一般製品としての浴槽に，手すりや昇降装置などの機能を加えることで，利用者の経時的な身体変化に対して，柔軟に対応できること．そして，それはより多様な利用者が入浴できる環境をつくりだすことにつながっていくと考えている．

入浴環境に関するバリアを，汎用性のある浴槽を介護浴槽に変えるという，これまで十分に議論されてこなかったニーズに着目することで，一般解としての解決法を目指すとともに，コストの削減やマーケットの拡大も視野に入れている．もちろん，1つの製品では限界があるため，どうしたらより多くの利用者のニーズに対応できるのか，さらなる改良によって，デザイン的な配慮を加え続けなければならないことはいうまでもない．

参考文献・出典

1) 障害者福祉研究会編：ICF 国際生活機能分類，中央法規出版，2003
2) 齋藤芳徳：座り心地のよいイスの条件とは，季刊ユニバーサルデザイン 02, 1998
3) 木村哲彦監修・安梅勅江他著：生活環境論第 4 版，医歯薬出版，2004
4) シルバーサービス振興会編：改定福祉用具専門相談員研修用テキスト，中央法規出版，2003
5) テクノエイド協会編：福祉用具プランナーテキスト福祉用具の適応技術，三菱総合研究所，1997
6) 山中直，山口健太郎，三浦研，高田光雄，齋藤芳徳：個別入浴を想定したケアと空間が高齢者に与える影響，日本建築学会計画系論文集 No. 599, 2006
7) 外山義：自宅でない在宅，医学書院，2003
8) 齋藤芳徳・松本正富・川本悠人・野上直紀・為房純一・土居愛子：虚弱高齢者の自立を支える介護浴槽に関する評価，川崎医療福祉学会誌 Vol. 15 No. 2, 2006

資料提供

†1 株式会社メトス
　図8・17, 21, 22, 23, 24, 26

†2 株式会社イトーキ
　図8・9, 15

†3 川崎医療福祉大学齋藤研究室（川本悠人, 為房純一）
　図8・3, 5, 6, 7, 8, 10, 11, 12, 16, 18, 19, 20

＊上記以外は筆者

キーワード索引

【ア行】

IT　122
アウトリーチサービス　110
アーバンデザイン　8
アプローチ　28
アミューズメント　114
アーム着脱式の車いす　11
アリーナ　111
アルコープ　87
安全色　122
安全標識　122
案内板　103
移乗　103
移乗の福祉用具　135
位置（サイン）　120
移動席　109
移動の福祉用具　128
インクルーシブデザイン　5
インディビデュアルデザイン　6
受付カウンター　103, 106
ウッドデッキ　41
エスカレータ　20
S.T.S.　34
閲覧スペース　109
nLDK　53
LRT　33
エレベータ　19
エレベータホール　19
園舎　85
園庭　85
園路　116
大型児童館　93
踊り場　15, 106
汚物シンク　60
オープンプラン　44
オムニバスタウン　35
音響式信号機　27
音声誘導装置　100

【カ行】

階間移動　43
介護者　10
介護スペース　51
介護同伴者用　115
介護保健法　64
介護浴槽　138
臥位式浴槽　136
階段　16
階段昇降機　42
外部施設　97
カウンター　110
角度調節機能付きのベッド　115
火災　11
下肢　9
家事　51
風除室　99
家族の共生機能　39
花壇　117
カードキー　115
簡易移乗具　134
起居の福祉用具　135
キックプレート　105
キッチン　45
QOL（Quality of Life）　54
休息スペース　50, 118
教育施設　111
狭小アパート　57
緊急時　50
クランク　30
クリアランス　59
クルドザック　28
グループハウス　75
グループホーム　65, 92
車いす　131
車いす使用者　13
車止め　116
グレーチング　43, 49
蹴上げ　16, 43

掲示位置　　　123
傾斜路　　　14
携帯電話　　　125
軽費老人ホームＡ型　　　64
軽費老人ホームＢ型　　　64
軽費老人ホームＢ型（ケアハウス）　　　72
玄関ドア　　　99
玄関ドアの有効幅員　　　100
玄関ホール　　　102
建築種別　　　98
行為空間　　　2, 58
更衣室　　　112
公園　　　116
郊外型戸建て　　　57
公共空間　　　97
公共交通　　　1
公共交通結節点　　　25
公共施設　　　1
交通結節点(ノード)　　　31
交通施設　　　25
交通バリアフリー法　　　3
勾配　　　14
港北ニュータウン　　　30
高齢者室　　　54
高齢者向け優良賃貸住宅　　　77
高齢者用離れ　　　56
小型児童館　　　93
腰掛け式便器　　　47
子育て＝bring-up 空間　　　53
子育て空間　　　52
子育て支援センター　　　84
固定席　　　108
固定手すり　　　20
コミュニティ道路　　　30
コレクティブハウジング　　　76
コンセント　　　18
コントラスト　　　17, 105
コンビニエンスストア　　　113

【サ行】

サービス部門　　　115
座位式浴槽　　　136
在宅介護　　　58
サイン　　　97, 100, 120

サインデザイン　　　120, 123
サインの大きさ　　　123
サインの角度　　　123
サニタリー空間　　　44
サービス部門　　　114
シェアードハウス　　　76
シェルター機能　　　39
視覚障害　　　10, 20, 26, 118
視距離　　　123
事故　　　11
次世代生育機能　　　39
施設計画　　　3
施設整備　　　2
自然代替エネルギー　　　40
自宅療養　　　59
室内出入口　　　105
室礼　　　41
児童　　　81
児童館　　　79, 81, 93
児童厚生施設　　　93
自動安全装置　　　19
自動式の引戸　　　99
児童センター　　　93
自動販売機　　　18
児童福祉　　　79, 81
児童福祉法　　　79, 81
児童遊園　　　81, 93
児童養護施設　　　79, 90
視認距離　　　124
斜路　　　42
GPS　　　122
シャワー　　　48
シャワーチェア　　　135
シャワー用車いす　　　135
集会施設　　　107
住戸規模　　　55
住宅計画　　　3
住宅団地　　　23
終端部　　　17
収納空間　　　54
収納スペース　　　51
宿泊施設　　　114
宿泊部門　　　115
手話通訳　　　109

循環型社会　40
渉外・コミュニケーション機能　40
障害除去　10
小規模多機能型居宅介護のイメージ　67
商業施設　112
昇降いす　133
昇降機　106, 132
昇降口　20
上肢　9
少子高齢化時代　40
上肢障害　50
小舎制　91
少年　80
障壁除去　5
小便器　47
情報障害　120
書架間隔　109
食事　50
触地図　121
食器戸棚　46
ショップモビリティ　32
ショップモビリティ・ステーション　32
シルバーハウジング　77
新交通システム　33
身体障害者福祉モデル都市　3
人体寸法　58
人的配置　98
振動枕　115
スイッチ　18
スウェーデン　57
スクランブル交差点　23
ステイタス・シンボル　21
ストリートファニチャー　30
スーパーマーケット　113
スプロール　21
スポーツ・レクリエーション施設　111
スラローム　30
スロープ　14
寸法計画　3
生活支援ハウス　65
生理・衛生機能　39
セミフラット形式　24
閃光発射ライト　108
洗浄装置　48

選択性　11
泉北ニュータウン　29
措置児　81
ゾーニング　116
ソーラーエネルギー　40

【タ行】
大規模集会施設　107
大規模センター　112
大舎制　92
代替移動手段　37
タウンモビリティ　32
多機能トイレ　119
立位　13
WHO　4
段階的整備　11
段差　103
段差解消　6
段差解消機　42
段差の切下げ　26
端部　17
地域空間　2
中高層集合住宅　57
駐車区画　100
駐車場トイレ　101
厨房　45
駐輪　26
聴覚障害　10
調理台　45
通園型施設　83
通行　13
通路　110
杖　129
杖使用者　13
つかまり棒　46
デイサービスセンター　73
定時・定路線型　34
低床バス　36
定位サイン　120
ディテールデザイン　8
デイリー・プログラム　86
デザインフォーオール　5
デジタルデバイド　120
手すり　15, 47, 49, 128, 133

手すり子　102
手すり（の）高さ　17, 102
手の届く範囲　12
デパート（百貨店）　112
デマンドバス　35
テラス　101
電化　45
伝言サービス　125
点字タイル（ブロック）　31
点字つき　19
点字ブロック　15
点字誘導表示　32
電動車いす　11
伝統構法　57
電動スクーター　32
電話　17
ドア・ツー・ドア型　34
トイレ　111
同居型　54
動作域　58
動作空間　58
動作様態　2
動植物園　114
トーキングガイド　122
特別養護老人ホーム　63, 69
図書館　109
土庇　41
トランジットモール　33

【ナ行】
日常生活圏施設　31
日常生活動作　127
乳児　80
乳児院　89
乳児室　85
入所型施設　81, 83, 90
入浴の福祉用具　135
ニュータウン　23
ニーリング　37
年少児ブロック　85
年長児ブロック　85
ノーマライゼーション　6
乗り移り　46
ノンステップバス　37

【ハ行】
バイオシステム　40
ハウジングデザイン　8
履替え　102
パーク・アンド・ライド　35
パーゴラ　25
バス停留位置　27
バスロケーションシステム　35
ハートビル法　3, 98
ハーフメイド式　8
パブリックデザイン　8
バリアフリー　4
バルコニー　101
ハンドシャワー　50
ハンドル　105
ハンドル型電動車いす　11, 23
ハンプ　30
汎用品　5
ビオトープ　88
引戸　46, 49, 99, 105
ピクトグラム（絵文字）　7, 121
美術館　110
BDS　109
非難　101
避難（経）路　104, 112, 124
標準案内用図記号　121
ピロティ　41
幅員　15
複合化　112
複合ショッピングセンター　113
福祉空間デザイン　1
福祉施設　106
福祉用具　137
縁の立ち上がり　15
踏面　16, 43
フライブルク　33
プール　112
プレイルーム　52
プロダクツデザイン　8
平面分離　22
平面床移動　43
並列システム　11, 54
並列配置　29
ベッド＋手すり　135

キーワード索引

ペデストリアンデッキ　22
ベンチ　118
便房　46
保育室　85
保育所　79, 83
保育所最低設置基準　85
ホイスト　44, 134
ホイストレール　43
方向転換　51
歩行器　130
歩行空間ネットワーク化　31
歩車共存道路　22
歩車分離　24, 25
細路地　41
歩道　26
歩道幅員　26
ほふく室　85
ボン・エルフ　30

【マ行】

マウントアップ形式　24
マルチメディア　110
ミース・ファン・デル・ローエ　53
水飲み器　18
水飲み場　118
水辺空間　119
道空間　4
ムーバス　35
沐浴室　86
モータリゼーション　21
モデュール　59
門扉　27

【ヤ行】

屋根付き休憩所　118
遊戯室　85
有効幅員　16, 104
誘導タイル　102

有料老人ホーム　65, 74
床置式ストール　47
床面埋込み　124
ユニバーサル化　137
ユニバーサルスペース　53
ユニバーサルデザイン　4
養護老人ホーム　64, 71
幼児　80
洋便器　46
幼・保一元化　84
浴室　48
浴室の床　49
浴槽＋手すり＋移乗台　136
予定調和論　1
4 LLDKS　55

【ラ行】

螺旋階段　16
ラドバーンシステム　28
ランドマーク　119
リセスト　42
立体分離　22
利用施設　83
緑陰道（モール）　29
隣居　56
冷蔵庫　45
レバーハンドル　48
廊下　104, 107
老人短期入所施設　64
老人デイサービスセンター　65
ロゴマーク　7
ロビー　107

【ワ行】

ワークステーション　41
和洋折衷式浴槽　49
ワンステップバス　36
ワンルーム型　44

〈著者紹介〉
編集・執筆（第1章，第3章，第4章）
藤本尚久（ふじもと・なおひさ）
1969年　九州大学大学院工学研究科建築学専攻博士課程修了
（工学博士・一級建築士）
近畿大学理工学部建築学科，西日本工業大学工学部建築学科，美作大学
生活科学部福祉環境デザイン学科福祉建築コース教授を経て，
地域・建築プランニング＆デザイン室主宰
非常勤講師として「福祉環境論」，「医療福祉環境デザイン特論」などを担当

執筆（第2章，第3章3-3，第4章4-3，第7章）
井原　徹（いはら・とおる）
1978年　日本大学大学院生産工学研究科建築工学専攻博士前期課程修了
（博士(学術)，一級建築士）
㈱ADネットワークシステム，西日本工業大学工学部建築学科准教授
九州女子大学家政学部人間生活学科教授を経て，
美作大学生活科学部福祉のまちづくり学科教授
担当講座［基礎デザイン，環境デザイン論，バリアフリーデザイン，他］

執筆（第5章）
大戸　寛（おおと・ゆたか）
1972年　大阪大学工学部建築学科卒業
（一級建築士，福祉住環境コーディネーター，医業経営コンサルタント）
清水建設株式会社建築設計本部，医療福祉プランニングオフィス代表を経て，
川崎医療福祉大学医療福祉マネジメント学部医療福祉デザイン学科教授
担当講座［生活環境デザイン，医療福祉施設デザイン，同特論，他］

執筆（第6章）
河野泰治（かわの・やすはる）
1971年　九州大学大学院工学研究科建築学専攻博士課程修了
（工学博士，一級建築士）
九州大学，久留米工業大学工学部建築設備工学科を経て，
福岡大学工学部建築学科教授
担当講座［住宅計画，建築計画，建築設計製図，他］

執筆（第8章）
齋藤芳徳（さいとう・よしのり）
2000年　京都大学大学院工学研究科環境地球工学専攻博士後期課程修了
（博士(工学)，一級建築士，社会福祉士，インテリアプランナー）
川崎医療福祉大学医療福祉マネジメント学部医療福祉デザイン学科准教授を経て，
茨城大学教育学部情報文化教室准教授
担当講座［福祉デザイン，人間工学，工業デザイン概論，他］

福祉空間学入門
人間のための環境デザイン

2006年10月30日　発行©
2008年5月30日　第2刷発行

編著者	藤本　尚久
共著者	井原　徹
	大戸　寛
	河野泰治
	齋藤芳徳
発行者	鹿島光一

発行所　107-0052　東京都港区赤坂　鹿島出版会
　　　　　　　　　6丁目2番8号
　　　　　　　　　Tel 03(5574)8600　振替 00160-2-180883
無断転載を禁じます。

落丁・乱丁本はお取替えいたします。　印刷・製本　創栄図書印刷
ISBN4-306-03340-6　C3052　　　　　　　Printed in Japan

本書の内容に関するご意見・ご感想は下記までお寄せください。
URL:http://www.kajima-publishing.co.jp
E-mail:info@kajima-publishing.co.jp